Bildung neu denken!

Das Finanzkonzept

vbw – Vereinigung der Bayerischen Wirtschaft (Hrsg.)

Bildung neu denken!

Das Finanzkonzept

VS Verlag für Sozialwissenschaft 2004

Herausgeber
vbw – Vereinigung der Bayerischen Wirtschaft e. V.
Ansprechpartner: Dr. Christof Prechtl, Geschäftsführer Abteilung Bildung

Wissenschaftliche Koordination
Prof. Dr. Dieter Lenzen, Freie Universität Berlin

Ökonomische Analyse
Prognos AG, Basel

Diese Studie wurde unterstützt vom
VBM – Verband der Bayerischen Metall- und Elektro-Industrie e. V.
Projektleitung: Michael Lindemann

Gedruckt auf säurefreiem und alterungsbeständigem Papier.

Die Deutsche Bibliothek – CIP-Einheitsaufnahme
Ein Titeldatensatz für die Publikation ist bei der Deutschen Bibliothek erhältlich

ISBN-13:978-3-322-87354-5   e-ISBN-13:978-3-322-87353-8
DOI: 10.1007/978-3-322-87353-8

© VS Verlag für Sozialwissenschaften / GWV Fachverlage GmbH, Wiesbaden 2004
Der VS Verlag für Sozialwissenschaften ist ein Unternehmen von Springer Science
+ Business Media.

Gesamtgestaltung: disegno GbR, Wuppertal; www.disenjo.de
Gesamtherstellung: Mercedes Druck, Berlin

Vorwort

„Bildung neu denken! Das Finanzkonzept"

Wenn Unternehmer und ihre Verbände von Bildung reden, könnten Beobachter dahinter pures wirtschaftliches Eigeninteresse vermuten. Richtig ist: Bildung macht einen wichtigen Standort-Faktor für die Wettbewerbsfähigkeit und Beschäftigungsfähigkeit der Unternehmen aus. Den internationalen Konkurrenzkampf kann die deutsche Wirtschaft ebenso wie unser ganzes Land nur mit den besten Köpfen bestehen.

Für uns Arbeitgeber stellt Bildung trotzdem kein Mittel zur Produktion stromlinienförmiger Arbeitnehmer dar. Für uns ist Bildung vielmehr umfassend und eine elementare Voraussetzung für ein erfülltes Leben. Dazu gehört privates Wohlergehen genauso wie ein erfolgreiches Erwerbsleben. Bildung ist für jeden die Eintrittskarte in die Gesellschaft.

Wir als Vereinigung der Bayerischen Wirtschaft tragen auch gesamtgesellschaftliche Verantwortung und versuchen legitimer Weise, die politischen Rahmenbedingungen für unternehmerisches Handeln mit zu gestalten.

Wir haben deshalb der Politik eine schlüssige Strategie und ein konkretes Konzept zur Bewältigung der drängendsten Probleme vorgeschlagen. Unser Drei-Säulen-Reformmodell fordert: Subventionen für die Wirtschaft streichen – Steuern für alle vereinfachen und senken – Selbstverantwortung in den Sozialsystemen stärken.

Die Reformsäulen müssen auf einem soliden Fundament stehen. Dieses Fundament ist die Bildung. Aber ausgerechnet unser deutsches Bildungssystem erstarrt in den Strukturen des vorletzten Jahrhunderts.

Deshalb hat die Vereinigung der Bayerischen Wirtschaft im Jahr 2003 das erste und bisher einzige ganzheitliche Konzept für ein neues deutsches Bildungswesen herausgegeben. Die Studie **„Bildung neu denken! Das Zukunftsprojekt"** antizipiert die Bildungslandschaft des Jahres 2020 und bedeutet eine Revolution der derzeitigen Bildungspolitik. Die konkreten Handlungsvorschläge unserer Studie haben eine breite öffentliche Diskussion ausgelöst.

Eine bessere Bildung ist nicht zum Nulltarif zu haben. Qualität hat ihren Preis. Schon schlechte Bildung kostet Geld, gute noch viel mehr. Wie viel? Bei der Suche nach Antworten auf diese Frage lassen wir die Politik nicht allein. Wir haben daher als *follow up* die finanziellen Aspekte unseres Reformkonzeptes berechnen lassen. Die Ergebnisse finden sich in der hier vorliegenden Studie **„Bildung neu denken! Das Finanzkonzept"**.

Ein zukunftsfähiges deutsches Bildungssystem kostet rund 30% mehr als das heutige - viel Geld, aber finanzierbar, zumal unser Staat heute sechs Mal mehr für Soziales ausgibt als für Bildung. Dabei ist Bildung ein fundamentales soziales Recht – und eine Pflicht für jeden einzelnen Menschen und für die gesamte Gesellschaft.

Prof. Dr. Dieter Lenzen von der Freien Universität Berlin danke ich für die wissenschaftliche Koordination der Studie, der Prognos AG für die ökonomische Analyse, Prof. Dr. Viktor Steiner vom Deutschen Institut für Wirtschaftsforschung für seine Expertise und den Fachabteilungen der vbw für die Koordinierung und Durchführung des Projekts.

Auf dem Weg Deutschlands zurück zur Weltspitze müssen alle investieren: Bürger, Unternehmen und Politik. Schon Benjamin Franklin wusste: *„Investition in Bildung zahlt die besten Zinsen!"* **„Bildung neu denken!"** erfordert von den Unternehmen Gemeinsinn, von den Bürgern Gemeinsinn und Initiative und von der Politik Gemeinsinn, Initiative und Mut zur Verantwortung.

Ich bleibe zuversichtlich: diese Voraussetzungen sind in Deutschland zu finden!

Randolf Rodenstock

Präsident
Vereinigung der Bayerischen Wirtschaft

0. Einführung

Das Bildungssystem steht in den kommenden Jahren und Jahrzehnten unter einer mehrfachen Herausforderung. Die vier wichtigsten haben unmittelbare Folgen, wenn der Wirtschaftsstandort Deutschland Bestand haben soll:

Der demografische Wandel erfordert die Aktivierung größerer Anteile der nachwachsenden Generation für Berufe mit höherer Qualifikation ebenso wie für den Facharbeiterberuf.

Die Globalisierung macht eine Internationalisierung des deutschen Bildungssystems notwendig.

Der wirtschaftliche Wandel führt zu kürzeren Produktzyklen. Das erfordert auch im Bildungssystem einen vernünftigeren Umgang mit der Zeit, also früheres, kürzeres und verdichteteres primäres Lernen.

Die Technologieentwicklung, die der Verbesserung bzw. dem Erhalt der Lebensbedingungen für eine wachsende Erdbevölkerung dienen muss, hat Konsequenzen für den Wissensbedarf. Dies gilt bereits für die vorakademische allgemeine Bildung, jedoch in besonderem Maße für die berufliche Bildung.

Für die bildungspolitische Diskussion in Deutschland stellen sich deshalb viele Fragen. Was soll gelernt werden? Wie soll das Lernen organisiert sein? Wie lassen sich Übergänge von dem bestehenden auf einen erwünschten oder angestrebten Zustand vollziehen? Mit welchen Widerständen ist zu rechnen? Welche Gesetze und Verordnungen müssen geändert werden? Mit welchen Kosten ist zu rechnen?

Ihre gesellschaftspolitische Mitverantwortung für die wirtschaftliche Zukunftsfähigkeit Bayerns und Deutschlands hatte die Vereinigung der Bayerischen Wirtschaft im vergangenen Jahr dazu veranlasst, eine Untersuchung über das zukünftige Bildungssystem herauszugeben, die von der Prognos AG und Prof. Dr. Dieter Lenzen, Freie Universität Berlin, erarbeitet worden war. Um die Empfehlungen dieser Studie „Bildung neu denken! Das Zukunftsprojekt" konsequent weiterzuverfolgen, hat die Vereinigung der Bayerischen Wirtschaft eine *follow-up*-Studie initiiert und wiederum die Prognos AG beauftragt, zusammen mit Prof. Dr. Lenzen und Wissenschaftlern der Freien Universität Berlin die finanziellen Auswirkungen der benannten Reformvorschläge zu überprüfen und detailliert zu berechnen. Deshalb widmet sich die vorliegende Studie „Bildung neu denken! Das Finanzkonzept" der Frage: Mit welchen Kosten sind Reformen im Bildungssystem verbunden? Diese hier nun vorgelegte Studie baut dabei auf den Ergebnissen von „Bildung neu denken! Das Zukunftsprojekt" auf.

Herausforderungen an das Bildungssystem

„Bildung neu denken! Das Zukunftsprojekt"

Follow-up-Studie zur Bildungsfinanzierung

Lebenslanges Lernen

Ein zentraler Gedanke von „Bildung neu denken! Das Zukunftsprojekt" ist, dass bereits heute und um so mehr für die Zukunft ab 2020 von der Notwendigkeit lebenslangen Lernens auszugehen ist. Entsprechend unterteilt die Studie die Biografie des Menschen in fünf Lebens- und Lernphasen:

- Kindesalter
- Jugendalter
- frühes Erwachsenenalter
- mittleres Erwachsenenalter
- späteres Erwachsenenalter.

Das Bildungssystem nach „Bildung neu denken"

Demgemäß ist das Bildungssystem mit seinen Lernorten und Lernzeiten wie folgt aufgebaut:

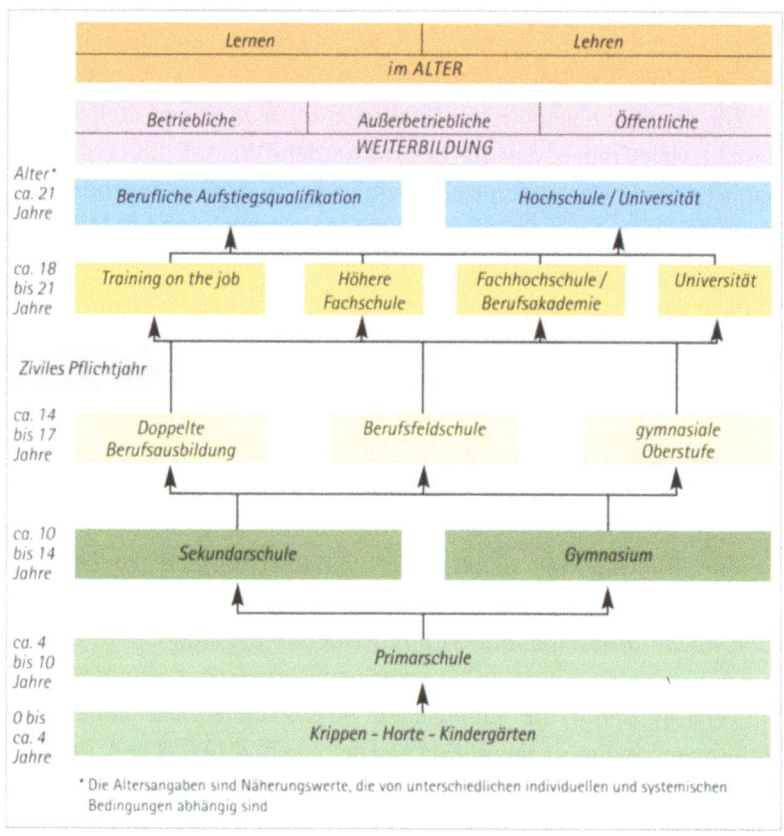

Abbildung 0-1: Bildungssystem nach „Bildung neu denken! Das Zukunftsprojekt"

Die Empfehlungen, die im Rahmen von **„Bildung neu denken! Das Zu-kunftsprojekt"** ausgesprochen werden, gehen von folgenden grund-legenden Veränderungsnotwendigkeiten aus:

Empfehlungen nach „Bildung neu denken"

- Deregulierung und Internationalisierung des Bildungswesens

- Organisatorische Rationalisierung

- Sicherung und Ausweitung von Privatinitiativen

- Effiziente Nutzung der Lernzeiten

- Revision von Bildungszielen und Bildungsinhalten

- Verbesserung der Bildungsqualität

- Differenzierung und Individualisierung

- Professionalisierung des Bildungspersonals.

Hieraus werden in **„Bildung neu denken! Das Zukunftsprojekt"** Vor-schläge abgeleitet, deren Umsetzung zum Teil weit reichende Verän-derungen des deutschen Bildungssystems nach sich ziehen wird. Die wichtigsten Empfehlungen sind u. a.:

- Flexibler Ein-, Auf- und Umstieg im System

- Einschulungsmöglichkeit ab 4 Jahren

- Mögliches Schulpflichtende mit 14 Jahren

- Ganztagsschule und Ferienunterricht zur Lernverdichtung

- Kontinuierliche Entwicklungs- und Leistungsdiagnostik

- Vergütungsfreiheit in der Berufsausbildung

- Abschaffung der Staatsexamen, Diplom- und Magisterstudiengänge und Umstieg auf BA- und MA-Abschlüsse

- Einführung von Studiengebühren

- Regelmäßige Qualitätsüberprüfung des Lehrpersonals

- Leistungsorientierte Bezahlung und befristete Beschäftigung von Lehrpersonal auf Angestelltenbasis.

Aufbau der Studie „Bildung neu denken! Das Finanzkonzept"

In der hier vorliegenden Untersuchung wird zunächst geklärt, unter welchen Grundsätzen es möglich sein wird, Bildungsfinanzierung neu zu denken (Kapitel 1). Die Reformvorschläge von **„Bildung neu denken! Das Zukunftsprojekt"** wurden dabei als Ausgangspunkt dieser *follow-up*-Studie noch einmal zusammengefasst (Kapitel 2). Angesichts einer nicht selten verwirrenden Definitionsvielfalt der bildungsökonomischen Diskussion werden die Ausgaben für Bildung in Deutschland definitorisch und kalkulatorisch als Status quo erfasst (Kapitel 3) und dann mit den Ausgaben für Bildung in anderen Nationen verglichen (Kapitel 4). Angesichts der notorischen Unterfinanzierung des deutschen Bildungssystems wird die Frage verfolgt, welcher Zusammenhang zwischen Bildung und wirtschaftlichem Wachstum besteht, um die externen Erträge von Finanzierungssteigerungen zu verdeutlichen (Kapitel 5). Dabei wurde zugunsten der Verständlichkeit der Studie darauf verzichtet, alle wissenschaftlichen Positionen, die es zu diesem Thema gibt, ausführlich gegeneinander abzuwägen. Um die Berechnung der finanziellen Auswirkungen nachvollziehbar zu machen, wird die Methodik der Berechnung erläutert (Kapitel 6). Ein erheblicher Teil der Reformvorschläge aus **„Bildung neu denken! Das Zukunftsprojekt"** kann sofort und ohne finanzielle Auswirkungen realisiert werden, wenn der politische Wille dazu besteht (Kapitel 7). Jene Vorschläge, die finanzielle Konsequenzen haben, sind analog zum Aufbau von **„Bildung neu denken! Das Zukunftsprojekt"** nach Bildungsphasen differenziert berechnet worden (Kapitel 8). Die Studie wird abgeschlossen mit einer Zusammenfassung der finanziellen Auswirkungen und einer politischen Bewertung (Kapitel 9).

Sowohl durch ihr umfassendes Konzept von der Vorschulerziehung bis zur Seniorenbildung als auch durch die Berücksichtigung der finanziellen Folgen des vorgeschlagenen bildungspolitischen Handelns ist die im Auftrag der Vereinigung der Bayerischen Wirtschaft entwickelte Studie **„Bildung neu denken! Das Finanzkonzept"** anderen Entwürfen zu einer Bildungsreform voraus. Häufig nämlich wehrt die

Politik Reformen mit dem Argument ab, sie seien nicht finanzierbar. Unter Einbeziehung der finanziellen Auswirkungen wird schneller offensichtlich, welche Empfehlungen möglicherweise keine zusätzlichen Ausgaben verursachen, so dass ihrer Realisierung keine ökonomischen Gründe im Wege stehen. Aber auch kostenintensive Empfehlungen können auf diese Weise angemessener bewertet werden. Dabei wird es im Wesentlichen darauf ankommen, einen Systemwechsel in der Finanzierung des deutschen Bildungssystems zu erreichen, der sowohl in einer höheren Finanzierung als vor allem auch in einer neuen Lastenverteilung besteht. Denn eines ist offensichtlich: Zu einem neuen Konzept der Bildungsfinanzierung und zu einer besseren Ausstattung des deutschen Bildungssystems gibt es keine Alternative, wenn der Wirtschaftsstandort Deutschland eine Zukunft haben soll: Bildungsfinanzierung ist Wirtschaftsförderung und Bildungspolitik ist Sozialpolitik.

1. Bildung neu denken heißt Bildungsfinanzierung neu denken

Neue Bildungsqualität durch neue Bildungsfinanzierung

Die Studie **„Bildung neu denken! Das Zukunftsprojekt"**, die die Vereinigung der Bayerischen Wirtschaft von Experten aus Wissenschaft, Wirtschaft, Schule und Hochschule erarbeiten ließ, identifizierte eine lange Liste der gravierenden Defizite des deutschen Bildungssystems und entwickelte eine Gesamtperspektive für ein künftiges Bildungssystem von der Vorschule bis zur Weiterbildung im späten Erwachsenenalter. Im Vordergrund dieses Zukunftsprojekts, das 2003 veröffentlicht wurde, stand dabei die Entwicklung eines zukunftsfähigen Bildungssystems, das – mit dem Ziel der Qualitätsverbesserung für alle – die Interessen aller Teilnehmer (Nutzer, Arbeitsmarkt, Staat) aufgreift.

Notwendigkeit neuer Bildungsfinanzierung

Ein solcher Entwurf hat Implikationen für die Bildungsfinanzierung, die in Deutschland vergleichsweise ebenso hoch defizitär ist wie die Qualität des Bildungssystems. Bildungsqualität und Bildungsfinanzierung liegen aber nicht unbedingt auf einer Linie. Höhere Bildungsausgaben führen nicht automatisch zu einer höheren Bildungsqualität. Ebenso wenig steigt die Qualität der Bildung allein durch eine Erhöhung der Bildungsfinanzierung. Vielmehr gibt es einen wechselseitigen Zusammenhang: Eine höhere und vor allem neu ausgerichtete Bildungsfinanzierung muss die Steigerung von Bildungsqualität im Auge haben. Umgekehrt muss mehr Bildungsqualität als Aufgabe aller Beteiligten auch unabhängig von den Modalitäten der Finanzierung das gemeinsame erste Ziel bleiben. Ebenso wesentlich wie das Finanzierungsvolumen, wenn nicht wesentlicher, wird künftig die Verteilung der Finanzierungslasten sein, denn sie kann ein wichtiger Antrieb für die Erzeugung von Qualität werden – wer zahlen muss, achtet auf Qualität, Effizienz und Effektivität. Das bedeutet grundsätzlich, dass auch im Bildungssystem dem Markt eine höhere Bedeutung beigemessen werden muss als dies gegenwärtig der Fall ist.

Bildungsfinanzierung und Bildungsqualität

In Deutschland trifft diese Forderung auf wenig Akzeptanz bei den Nutzern eines hoch verstaatlichten Bildungssystems und bei dessen Beschäftigten. Aber auch jenseits dieser Interessengruppen herrscht häufig das unbestimmte Gefühl vor, „Bildung" sei ein Wert an sich, der sich keiner ökonomischen Betrachtung unterziehen dürfe. Nicht selten wird deshalb vor einer „Ökonomisierung" des Bildungssystems gewarnt, entsprechend werden hinter einer wirtschaftlichen Betrachtung von Bildung und Erziehung illegitime Partikularinteressen vermutet.

Diese Abwehrhaltung ist angesichts der ökonomischen (!) Interessen der Beteiligten zwar nachzuvollziehen, aber als deutsche Besonderheit nur historisch zu erklären.

Bildungsfinanzierung in Deutschland – der historische Sonderweg

Der Staat und die Bildungsfinanzierung in Deutschland

Das deutsche Bildungssystem ist im Vergleich zu vielen anderen Ländern auch ökonomisch durch einen starken Staatsinterventionismus gekennzeichnet. Für diese Tatsache gibt es zwei Quellen:

- die Entwicklung der deutschen Staatlichkeit seit dem 18. Jahrhundert

sowie

- das deutsche Bildungsdenken aus dem Geist der Klassik.

Die deutsche Aufklärung verdankt sich nicht nur den Ideen aufklärerischer Philosophen, sondern zu einer Zeit zahlloser kleiner und kleinster Staaten auch der Aktivität aufgeklärter Monarchen, Fürsten und Adeliger. Diese haben das Volk alphabetisiert und Bildung und Wissenschaft gefördert. Insofern stand am Anfang der Entstehung des deutschen Bildungssystems bereits die Aktivität des Staates, der diese Entwicklung nicht nur – wie etwa in den Niederlanden oder dem Vereinigten Königreich – zuließ, sondern selbst aktiv betrieb. Diese Rollenwahrnehmung wurde insbesondere in den größeren staatlichen Einheiten, etwa im Preußen des 19. Jahrhunderts, aktiv vorangetrieben, wodurch das preußische Bildungssystem weltweit führend wurde. Im Rahmen der Reichsgründung hat der neu entstandene Staat diese Funktion übernommen, weiterentfaltet und durch alle epochalen Krisen des 20. Jahrhunderts hindurch ausgebaut, weil unabhängig von der politischen Orientierung die Auffassung herrschte: Wer die Entscheidungsmacht über das Bildungssystem besitzt, sichert sich langfristig den Einfluss auf das Wollen und Handeln der Bürger. Die letzte derartig ausgeprägte europäische staatliche Bildungskonzeption hat mit dem Zusammenbruch der DDR, eines expliziten Erziehungsstaates, aufgehört zu existieren. Der Einfluss des Staatsinterventionismus auf das Bildungssystem hat sich seitdem allerdings noch nicht verändert, insbesondere die Form der staatlichen Subventionierung und inhaltlichen Mitbestimmung nicht.

Die philosophische Quelle des deutschen Bildungsdenkens hat die Marktferne und Staatsnähe des deutschen Bildungssystems gleichfalls begünstigt. Wenn, wie seit der deutschen Klassik angenommen wurde, das legitime Ziel der Herstellung von Humanität durch (humanistische) Bildung zu erreichen war, dann musste auch ein wohl gesonnener demokratischer Staat ein starkes Interesse daran haben, eine möglichst hochstehende Bildung für möglichst viele Bürger sicherzustellen, die dieses von sich aus nicht realisieren wollten oder konnten. War Bildung zunächst noch im 19. Jahrhundert ein Standesprivileg, mit dem das Bürgertum sich gegenüber dem Adel abgrenzen und aufwerten konnte, so führte diese Vorstellung spätestens im 20. Jahrhundert dazu, dass immer breitere Bevölkerungskreise an diesem Gut partizipieren wollten. Längst überformte sich das humane Motiv durch die Erfahrung, dass der (Aus-)Gebildete bessere Zukunftschancen besaß und dass, wie es im Rahmen der Arbeiterbewegung formuliert wurde, „Bildung gleichbedeutend mit Macht ist". Diese handfesten Motive sind langfristig legitimiert worden mit dem einzigartigen deutschen Bildungsbegriff, der in keine andere Sprache übersetzt werden kann. Denn Bildung war gleichbedeutend mit der Teilhabe an etwas Besonderem, das den einzelnen von der Masse der Ungebildeten abheben konnte. Jemandem Bildung vorzuenthalten, hieß deshalb, ihm letztlich so etwas wie ein Menschenrecht abzuerkennen.

Vor dem Hintergrund dieser politischen und philosophischen „Zangenbewegung" hat ökonomisches Denken im Zusammenhang mit Bildung in Deutschland immer einen schweren Stand gehabt. Denn zu sagen, Bildung müsse effizient, effektiv, bezahlbar und auch auf Erwerbstätigkeit ausgerichtet sein, war schnell gleichbedeutend damit, das Wesentliche am Menschen zu verkennen, ihn auf seine Berufstätigkeit zu reduzieren, Kultur und Intellektualität unter das Diktat einer rationalen Zweck-Mittel-Wahl zu stellen und damit das Eigentliche des Menschen zu verfehlen. Dieses zu verhindern sei aber Aufgabe des Staates. Zur Erreichung dieses Zieles müsse letztlich jeder Preis bezahlt werden.

Für einen starken Staatsinterventionismus gab es vor diesem historischen Hintergrund in Deutschland aus der Sicht der jeweiligen Zeitgenossen also immer gute Gründe, beispielsweise

- Aufklärung durch Alphabetisierung der Bevölkerung im 18. und 19. Jahrhundert;

Marktferne und Staatsnähe des Bildungssystems

Gründe für Staatsnähe des Bildungssystems

- Ersatz des Geburtsprivilegs des Adels durch ein leistungsbasiertes Bildungsprivileg des Bürgertums im 19. Jahrhundert;

- Entprivilegisierung von Bildung durch Öffnung des Systems für die Arbeiterklasse zu Beginn des 20. Jahrhunderts;

- als Reaktion auf den Faschismus allgemeine Bildung für alle als Prophylaktikum gegen totalitäre Tendenzen;

- chancengleicher Zugang zur höheren Bildung als Antwort auf die Identifikation einer Bildungskatastrophe in den 60er und 70er Jahren des 20. Jahrhunderts.

Defizite des staatlich regulierten Bildungssystems

Indessen: Zu Beginn des 21. Jahrhunderts ist zu konstatieren, dass

- weder eine Verteilungsgerechtigkeit im Hinblick auf Bildungsabschlüsse erreicht wurde

- noch eine Bildungsqualität sichergestellt werden konnte, die Deutschland und die Deutschen international wettbewerbsfähig macht.

Als Regulator des Bildungssystems hat der Staat offenkundig versagt und durch seine starke Interventionstätigkeit gleichzeitig ein Marktversagen verursacht.

Staats- und Marktversagen im Bildungssystem

Das Staatsversagen ist als primäres Versagen an folgenden Tatsachen abzulesen, die Ausgangspunkt für die Entstehung von **„Bildung neu denken! Das Zukunftsprojekt"** waren:

- die Organisationsstrukturen des Bildungssystems sind ineffizient und ineffektiv;

- die Qualität der Bildungsergebnisse ist alarmierend schlecht: rund 20 Prozent nicht berufsbildungsfähige junge Menschen, weitere rund 5 Prozent sekundäre Analphabeten, schlechtes Abschneiden bei internationalen Leistungsvergleichsstudien wie PISA, TIMSS und IGLU sowie eine zu kleine Leistungselite;

- eine ineffiziente Verwendung von Mitteln durch Bürokratie, Verrechtlichung und Überregulierung;

- eine Unterdrückung individueller Verantwortungsübernahme durch Leistungsträger und -bereite;

- massive soziale Ungleichheiten bei der Verteilung von Bildungsabschlüssen;

- eine Entmündigung der Institutionen und ihrer Leitungen bei der Wahrnehmung ihrer Aufgaben;

- Qualitätsdefizite bei Lernzielen, Unterrichtsverfahren und -medien;

- ein verschwenderischer Umgang mit Lern- und Arbeitszeit;

- die Konservierung von Länder-Egoismus und aufgeblähten Verwaltungsstrukturen durch 16 zuständige Ministerien als Produkt eines historisch überlebten Bildungsföderalismus;

- die Blockade von Reformen durch mächtige Interessengruppen, die in die Bildungsbürokratie eingedrungen sind.

Diese Defizite und negativen Nebenfolgen können zu einem erheblichen Teil zurückgeführt werden auf die Tatsache, dass der Staat im Bildungssystem grundsätzlich mit einer Angebotsstruktur operiert. Sie fördert Lobby-Bildung von Beschäftigten und Nutzern, erzeugt eine teilweise künstliche, durch tatsächlichen Bedarf nicht gegebene Nachfrage sowie unnötige Verteilungskonflikte, die aus der Tatsache resultieren, dass Bürger sich „ihren" durch Steuern legitimerweise erworben geglaubten Anspruch auf Bildungskonsum sichern möchten. Diese Struktur zerstört jede Möglichkeit eines effektiven und bedarfsgerechten Marktmechanismus und sichert vor allen Dingen keine soziale Gerechtigkeit.

Das Problematische an dem Staatsversagen ist aber nicht nur das Ausbleiben erwarteter Effekte, sondern die lähmende Wirkung für den Marktmechanismus. Die gröbsten Ausformungen bestehen darin, dass

Staatliche Regulierung verhindert soziale Gerechtigkeit

- die internen Effekte (Vorteile auf dem Arbeitsmarkt), die sich für den Einzelnen aus der staatlichen Bildungsfinanzierung ergeben, ausgeblendet werden und so getan wird, als ob nur externe Effekte (für die Gesellschaft) existierten. Das verstellt den Blick auf die Notwendigkeit einer Finanzierungsbeteiligung durch solche Individuen, die aus den öffentlichen Bildungsausgaben Vorteile beziehen;

- eine Risiko-Aversion erzeugt wird. Bildungsangebote werden bevorzugt in solchen Bereichen wahrgenommen, in denen das Beschäftigungsrisiko besonders gering zu sein scheint, wodurch es angesichts der massenhaften Nutzung dieser Angebote aber zu erhöhten Risiken kommt. Gleichzeitig wird die Bereitschaft eigener Investitionen gering gehalten;

- private Anbieter angesichts der geringen Investitionsbereitschaft privater Haushalte nur geringe Chancen für eigene Angebote in solchen Bereichen besitzen, die der Staat nicht dominiert (Nachhilfeunterricht, Sprachreisen, Freizeitbildungsangebote etc.);

- wegen des fehlenden Wettbewerbsdrucks zu hohe Gehälter für pädagogisches Personal gezahlt werden, sowohl im internationalen Vergleich, bei dem deutsche Lehrer das höchste Einkommen haben, als auch im Vergleich zu anderen akademischen Berufen;

- durch zu hohe Subventionen eine künstliche Übernachfrage mit dem Effekt einer Umverteilung nach oben im tertiären Bereich erzeugt wird.

Staatliche Mittel produzieren soziale Ungleichheit

Der Gesichtspunkt der fehlenden Bildungsgerechtigkeit ist besonders gravierend: Zwar ist heute für die Angehörigen aller sozialen Statusgruppen der Zugang zu allen Bildungseinrichtungen offen, jedoch zeigen die Studien des Sachverständigenrates der Hans-Böckler-Stiftung, dass der staatliche Mitteleinsatz nicht, wie erwartet, soziale Gleichheit gewährleistet, sondern Ungleichheit produziert. So betragen die Ausbildungskosten an Hochschulen für jeden Hochschulabsolventen zwischen rund 90.000 € bzw. 165.000 €, wenn die Kosten für die drop outs mitgerechnet werden, während für jeden Absolventen einer Berufsausbildung im dualen System „nur" 25.000 bis 30.000 €

ausgegeben werden. Angesichts der Tatsache, dass sich der Anteil von Arbeiterkindern an den Hochschulabsolventen seit der Abschaffung der Studiengebühren 1970 lediglich um ein Prozent erhöht hat, wird deutlich, dass die öffentliche Subventionierung des tertiären Bereichs kein Mehr an sozialer Gleichheit bewirkt hat. Im Gegenteil: durch die Subventionierung des tertiären Bereichs wird die soziale Ungleichheit verschärft, weil der so genannte Kostenüberwälzungseffekt dazu führt, dass die teure tertiäre Bildung auch durch die finanziert wird, die das Angebot gar nicht nachfragen. Denn der Staat bezieht seine ökonomischen Mittel faktisch aus einer Kostenüberwälzung auf dem Besteuerungswege, so dass ökonomisch schlechter gestellte Haushalte die Ausbildung von Studierenden finanzieren, deren Einkommens- erwartungen aufgrund der fremdfinanzierten Ausbildung deutlich überdurchschnittlich ausfallen. Auch aus gewerkschaftlicher Perspek- tive ist deshalb immer wieder vorgeschlagen worden, staatliche Sub- ventionierungen für die duale Berufsausbildung und die Hochschul- ausbildung gleich zu behandeln. Aus diesem Grunde ist in „Bildung neu denken! Das Zukunftsprojekt" vorgeschlagen worden, die Berufs- ausbildung durch eine auch zeitliche Vorverlagerung deutlich als Bestandteil der Ausbildung und nicht als Arbeitsverhältnis zu konzi- pieren.

Zur Legitimation der hundertprozentigen Subventionierung des tertiären Bereichs wird gelegentlich vorgetragen, dass auf diese Weise externe Effekte erzeugt würden, etwa eine größere Wahrscheinlichkeit höherer Steuereinnahmen. Solche Effekte sind aber bisher nicht zu- verlässig gemessen worden und schon gar nicht in einem belastbaren Kosten-Nutzen-Vergleich.

Besonders problematisch ist der weitgehende Subventionsverzicht im Bereich von Kindertagesstätten und Vorschulen. Hier werden negative externe Effekte dadurch erzielt, dass Eltern, in der Regel Mütter, von einer Erwerbstätigkeit abgehalten werden, was im Blick auf die demografische Entwicklung nicht tolerabel ist. Gleichzeitig wird eine erfolgreiche oder erfolglose Bildungsbiografie im Vor- und Grundschulbereich geprägt. Da bildungsferne Schichten definitions- gemäß aus ökonomischen Gründen nicht dazu neigen, in die früh- kindliche Bildung ihrer Söhne und Töchter zu investieren, verschärft sich die Ungerechtigkeit bei der Verteilung von Abschluss-Chancen. Aber es darf nicht in Kauf genommen werden, dass 20 Prozent eines Altersjahrgangs berufsbildungsunfähig bleiben, weil ihre Basiskompetenzen für eine solche Berufsausbildung nicht ausreichen. Diese Entwicklung ist menschlich wie auch im Angesicht der demografischen Entwicklung fatal.

Staatsinterventionismus im Bildungssystem

Vor dem Hintergrund des Staats- und daraus folgend des Marktversagens muss der Staatsinterventionismus in der Bildungsfinanzierung konsequent begrenzt werden. Rechtfertigen lässt er sich lediglich in drei Fällen:

- Wenn die Souveränität der Konsumenten auf einem sozial-marktwirtschaftlich organisierten Bildungsmarkt versagt, muss der Staat korrigierend eingreifen, um diese Souveränität zu schützen.

- Wenn ein sozial-marktwirtschaftlich organisiertes Bildungsfinanzierungssystem sozial unerwünschte Verteilungseffekte hätte, müsste der Staat intervenieren. Dieses könnte z. B. durch ein differenziertes, auf die Individuen und nicht auf die Institutionen bezogenes Subventionssystem geschehen. Ob und inwieweit in einem marktwirtschaftlich organisierten Bildungssystem Verteilungsungerechtigkeiten entstünden, ist allerdings nicht vorherzusagen, weil das deutsche Bildungssystem staatlich gesteuert ist.

- Würde durch ein sozial-marktwirtschaftlich gesteuertes Bildungssystem insbesondere bei bildungsfernen Schichten ein externer Ertrag ausbleiben und deshalb unsere Volkswirtschaft zu wenig Humankapital herausbilden, müsste der Staat intervenieren, um dem Arbeitsmarkt hinreichende Chancen zu bieten, auf ein ausreichend qualifiziertes Potenzial an Erwerbspersonen zurückgreifen zu können. Ein weiterer zu sichernder externer Effekt könnte z. B. darin bestehen, erwerbsfähigen, weil entsprechend ausgebildeten Eltern die Erwerbstätigkeit durch Angebote eines Ganztagsschulsystems zu ermöglichen, um damit die demografischen Auswirkungen auf den Arbeitsmarkt zu mildern.

Internationale Tendenzen der Bildungsfinanzierung

Zwischen weitestgehend marktwirtschaftlich organisierten Bildungs-
systemen wie dem der USA und rein staatlich organisierten bestehen
viele Modelle einer gemischten Bildungsfinanzierung. Seit etlichen
Jahren haben viele europäische Länder, die ursprünglich Bildung
stärker staatlich förderten, einen mehr oder weniger weit reichenden
Paradigmenwechsel vollzogen. Dieses gilt z. B. für ehemalige „Wohl-
fahrtsstaaten" wie Schweden, für das Vereinigte Königreich oder für
die Niederlande sowie in verschiedener Ausprägung für zahlreiche andere europäische Länder. Mit zum Teil deutlichen zeitlichen Vorsprün-
gen von zehn bis zwanzig Jahren gegenüber Deutschland haben sich
hier Finanzierungsprozesse durchgesetzt, die u. a. auch frühe Konsequenz aus zu hoher Staatsverschuldung bei gleichzeitiger Einsicht in
die Notwendigkeit gewesen sind, ein qualitativ hoch stehendes
Bildungssystem vorzuhalten. Die positiven Effekte in diesen Ländern
können in internationalen Leistungsvergleichsstudien nachgelesen
werden. Insgesamt lässt sich sagen, dass eine gezielte wirtschaftliche
Orientierung der Bildungsausgaben u. a. folgende Elemente mit sich
bringt:

Folgen wirtschaft-
licher Orientierung
im Bildungssystem

- die Umstellung von Angebots- auf Nachfrageorientierung,

- die Einführung marktwirtschaftlicher oder marktwirtschaftsähn-
  licher Mechanismen auch in staatlichen Bildungsinstitutionen,

- die Erweiterung der Handlungsautonomie für Bildungsinstitutionen,

- die Sicherung eines sozialen Ausgleichs im Verhältnis von Bildungsinvestitionen einkommensschwacher Schichten zu Nutzern
  tertiärer Ausbildung,

- die Erweiterung der Bildungsfinanzierung durch private Haushalte
  im Rahmen der Daseinsvorsorge,

- die Einführung leistungsbezogener Parameter bei der Zuweisung
  von Haushaltsmitteln und Gehältern,

- die Einführung von Budgetfinanzierung für Bildungseinrichtungen
  mit Output-Orientierung,

- die Einführung der Kosten-Leistungs-Rechnung an Stelle der kameralistischen Rechnung,

- die nachdrückliche Effizienz-Orientierung von Bildungsausgaben,

- die Einführung eines strikten und nachhaltigen Qualitätsmanagements für pädagogisches Personal und Bildungsinstitutionen.

In Deutschland sind diese unternehmerischen Mechanismen nur mit großer Zurückhaltung aufgenommen und bisher nur im tertiären Sektor erfolgreich umgesetzt worden – und dieses auch nur in einigen Bundesländern. So gibt es im Hochschulbereich deutliche Tendenzen zur Budgetierung und Erweiterung der Autonomie bei gleichzeitiger Output-Steuerung und Qualitätskontrolle. Aber schon für den Schulbereich gilt dieses nicht mehr. Aufgrund der zwischen Bund, Ländern und Gemeinden aufgesplitterten Zuständigkeit für die Bildungsfinanzierung im Schulbereich gelingt es z. B. bisher nicht, einer Schulleitung die Hoheit über das gesamte Schulbudget einschließlich des Personals sowie eine entsprechende Dienstvorgesetztenfunktion einzuräumen. Dieses wäre aber die unmittelbare Voraussetzung für eine unternehmerische Umsteuerung des Systems.

Bildungsfinanzierung neu denken – Grundsätze

Der „vollkommene Markt" gilt volkswirtschaftlich als Ausdruck der optimalen Versorgung einer Bevölkerung und einer optimalen Allokation der Ressourcen (Pareto-Optimalität). Demnach müssen die Preise aller einzelnen Güter die Nutzenschätzung der Verbraucher (der Nutzer) sowie die Grenzkosten der Produzenten (der Anbieter) zum Ausdruck bringen. Die Wirklichkeit marktwirtschaftlicher Systeme entspricht dieser Norm nicht. Deswegen ist Staatsinterventionismus als Korrektiv zuzulassen. Wenn ein Gut wie Bildung allerdings kostenlos ist, kann sich darin weder die Nutzenschätzung der Verbraucher ausdrücken noch sind die Grenzkosten der Produzenten, also des Anbieters Staat, zu definieren. Das hat faktisch dazu geführt, dass das kostenlose Bildungsgut verschwenderisch genutzt, gleichsam verschleudert wird, wie sich beispielsweise an hohen drop-out-Quoten innerhalb des Bildungssystems oder an der extrem hohen sozialen Benachteiligung bei höheren Abschlüssen zeigt. Gleichzeitig steigen die Angebotskosten grenzenlos, da durch das Null-Kosten-Prinzip immer neue Nachfrage erzeugt und neues Anspruchsdenken generiert wird.

Angesichts der Situation der öffentlichen Finanzen, die mehreren nachwachsenden Generationen extreme Kosten aufbürdet, bleibt nur eine Wahl: Die Bildungsfinanzierung muss radikal verändert werden.

Grundsätze einer neuen Bildungs-finanzierung

1. Grundsatz:

Orientierungsnorm der Bildungsfinanzierung ist das Konzept des vollkommenen (nicht des totalen) Marktes, der eine optimale Versorgung einer Bevölkerung und eine optimale Allokation der Ressourcen zum Ziel hat.

2. Grundsatz:

Die Grenzkosten für eine Bildungsinstitution dürfen nicht höher liegen als die erwarteten Grenzerträge. Vereinfacht: Bildung darf nicht mehr kosten als sie wert ist. Da der Wert von unterschiedlichen Akteuren verschieden eingeschätzt wird, muss jeder Akteur und Interessent zur Finanzierung des Bildungssystems so viel beisteuern, wie es ihm wert ist. Der Staat muss definieren, wie wertvoll ihm die externen Erträge eines Bildungssystems sind und muss danach die Höhe seiner Fördermittel bemessen. Das bedeutet auch, dass jeder Einzelne und jeder private Haushalt für sich definieren muss, welche Nutzenerwartung er aus einer Bildungsinvestition bezieht. Vor allem muss sich die Erkenntnis durchsetzen, dass private Bildungsausgaben keine Konsumausgaben, sondern Investitionen sind. Dieses ist auch steuerlich zu berücksichtigen.

3. Grundsatz:

Umsteuerung vom Leistungsfähigkeitsprinzip auf das Äquivalenzprinzip: Eine Kostenbeteiligung an den Bildungsausgaben muss sich an der Höhe der erwarteten internen Erträge der Bildungsausgabe orientieren. Dies gilt auch für Unternehmen.

Drei-Säulen-Modell
der Bildungs-
finanzierung

Aus dieser Beschreibung ergibt sich ein Drei-Säulen-Modell der Bildungsfinanzierung: Je nach erwarteten internen bzw. externen Erträgen sind Staat, Unternehmen und private Haushalte diejenigen, die entsprechend den Nutzenerwartungen finanzieren. Das bedeutet, dass sich eine Beteiligung an der Bildungsfinanzierung nicht auf das gesamte Bildungssystem, sondern auf die jeweilige Bildungsmaßnahme beziehen muss.

Bildungssystem als Nachfragesystem

Bildungssystem als
Nachfragesystem

Daraus folgt, dass das Bildungssystem nicht als Angebots-, sondern als Nachfragesystem konzipiert werden muss. Dabei ist zu beachten, dass Nachfrager nicht nur private Haushalte sind, sondern auch staatliche Institutionen Bildungsnachfrager sein können. Nur auf diese Weise ist sicherzustellen, dass auch ein kleines Studienfach wie etwa die Archäologie als nützlich für die Gesellschaft gesehen wird, weil es beispielsweise kulturelle Traditionen sichert.

Mischfinanzierung

Mischfinanzierung
aus Grund- und Pro-
grammfinanzierung

An diesem Beispiel zeigt sich, dass die Umsteuerung von Angebots- auf Nachfrageorientierung zusätzlich ein Mischsystem aus Grundfinanzierung und Programmfinanzierung zur Folge hat. Das gegenwärtige System einer nahezu hundertprozentigen Grundfinanzierung muss dahingehend geändert werden, dass die Grundfinanzierung wesentlich reduziert und durch eine Programmfinanzierung ergänzt wird. Dieses ist bisher eher im Bereich von Wissenschaft und Forschung gegeben, beispielsweise durch die Programmfinanzierung der Deutschen Forschungsgemeinschaft, nicht jedoch im Bereich des allgemein bildenden Schulsystems, wo dies gleichfalls dringend notwendig wäre. Eine Programmfinanzierung kann z. B. zum sozialen Ausgleich durch Bildungsanstrengungen im Vorschulbereich beitragen.

Gezielte Subventionierung zum sozialen Ausgleich

Um eine qualitätsoptimierende Finanzierungsbeteiligung auch finanz-
schwacher Bevölkerungsschichten zu ermöglichen, ohne dass diese
Einbußen an Lebensqualität hinnehmen müssen und deswegen auf
Bildungsnachfrage verzichten, muss die staatliche Förderung im
Bildungsbereich von der Nullpreislösung (totales kostenfreies Angebot) auf eine gezielte Unterstützung der Finanzschwachen umgestellt
werden. Die Preise für Bildungsangebote sind für diese Einkommens-
gruppen zu ermäßigen. Operativ eigneten sich dafür etwa so genannte
Bildungskonten (*individual learning accounts*), auf denen sozial- und
individuumsbezogen Geldbeträge verbucht werden, die nur für Bildungsmaßnahmen ausgegeben werden dürfen. Dies kann durch indi-
viduelles Bildungssparen ergänzt werden, damit das Individuum während seiner Bildungsbiografie beispielsweise weitere Bildungsangebote nachfragen kann, die nicht zur staatlich geförderten Grundausbildung gehören. Wer keine freien Eigenmittel hat, darf sein Bildungs-
konto „überziehen", muss aber bei erhöhter persönlicher Rendite diese Kredite zurückzahlen. Das Bildungssparen könnte durch eine
öffentliche Sparförderung nach dem Muster der Eigenheimförderung
ergänzt werden.

Diese Grundsätze ziehen den Rahmen für die Reform der deutschen Bildungsfinanzierung. Sie ist volkswirtschaftliche Voraussetzung für die Umsetzung der Reformvorschläge von **„Bildung neu denken! Das Zukunftsprojekt"**. Bereits bei der Konzeptionierung des Ge-
samtsystems von der Vorschule bis zur Seniorenweiterbildung hatte
sich herausgestellt, dass die Bildungsfinanzierung allein schon aus bil-
dungsreformerischen Erwägungen tief greifend verändert werden
muss. Die wesentlichen Änderungen beziehen sich auf:

- die Erhöhung der Gesamtausgaben für Bildung

sowie

- die Umverteilung der Finanzierungslasten für das Bildungssystem.

Dabei ist in der vorliegenden Studie auch geprüft worden, welche
erhöhten Ertragserwartungen mit einer Erhöhung der Bildungsausgaben verbunden sind und wie sich Belastungen verschieben, die
gegebenenfalls finanzpolitisch aufgefangen werden müssen. Ent-
scheidende Voraussetzung dafür sind die vorgenannten Grundsätze.

Gezielte Unterstüt-
zung für den sozia-
len Ausgleich

Neue Grundsätze
der Finanzierung als
Voraussetzung für
Bildungsreformen

2. „Bildung neu denken! Das Zukunftsprojekt" – Zusammenfassung

Mit **„Bildung neu denken! Das Zukunftsprojekt"** hatte die Vereinigung der Bayerischen Wirtschaft – getragen von ihrer gesellschaftspolitischen Mitverantwortung für die wirtschaftliche Zukunftsfähigkeit Bayerns und Deutschlands – eine Studie über das künftige Bildungssystem in Auftrag gegeben, weil sie der Auffassung war und ist, dass nach zwei gescheiterten Bildungsreformen in den 50er und 70er Jahren das deutsche Bildungssystem eine dritte Chance bekommen muss, um seine gravierenden Mängel zu beseitigen und sich für die Herausforderungen zu rüsten, die sich bis 2020 stellen werden.

Als Ausgangspunkt der Studie wurden dabei folgende gravierende Mängel des Bildungssystems in Deutschland benannt:

Mängel des deutschen Bildungssystems

- Bürokratisierung und Überregulierung des Bildungssystems,

- mangelnde Möglichkeit und Bereitschaft, innerhalb des Bildungssystems individuell Verantwortung zu übernehmen,

- zu wenig Leistungsanreize für Lehrende und Lernende,

- unzureichende und sozial ungleich verteilte Bildungsbeteiligung – zu kleine Leistungselite, zu große Zahl an Leistungsschwachen und Benachteiligten,

- mangelnde Anpassung von Lernzielen, Unterrichtsinhalten und Lehrmethoden an den neuesten Stand der Forschung,

- fehlende Verbindlichkeit und Standardisierung im deutschen Bildungssystem ebenso wie mangelnde Vermittlung personaler Schlüsselqualifikationen und unzureichende Orientierung an der Arbeits- und Berufswelt,

- verschwenderischer Umgang mit Lern- und Arbeitszeit,

- unzureichende (da auch international unterdurchschnittliche) öffentliche Finanzierung des Bildungssystems, Behinderung von Privatinitiativen,

- Blockierung von Reformen im Bildungssystem durch mächtige Interessengruppen.

Als die wichtigsten Herausforderungen für das deutsche Bildungs-wesen in den kommenden rund zwanzig Jahren hebt **„Bildung neu denken! Das Zukunftsprojekt"** hervor:

- Die Globalisierung, die u. a. räumliche Öffnung aller Regionen, Handlungsbeschleunigung, Multikulturalität, informatorische Totalisierung, normative Beliebigkeit bedeutet.

- Die Europäisierung, die Vereinheitlichung in Erziehung und Bildung, erfordert ebenso wie berufliche Mobilität sowie Normierung von Abschlüssen, Zertifikaten und Leistungsstandards.

- Den demografischen Wandel, der eine Überalterung der Bevölkerung, höhere Arbeitslosigkeitsrisiken, die Notwendigkeit einer gelingenden Kommunikation zwischen den Generationen und einen Bedarf an erhöhter Zuwanderung mit sich bringt.

- Die Technologieentwicklung in Biowissenschaften, Informationswissenschaften, Materialwissenschaften, Geowissenschaften und Energiewissenschaften, die der Verbesserung bzw. dem Erhalt der Lebensbedingungen für eine wachsende Erdbevölkerung dienen muss.

- Die Veränderungen in der Arbeitswelt durch beschleunigte Produktzyklen, eine Verschiebung in Richtung Dienstleistungswirtschaft sowie einen erhöhten Bedarf an hoch qualifizierten Arbeitskräften.

- Die Veränderungen von Arbeits- und Beschäftigungsformen mit der zeitlichen und räumlichen Entkopplung der Arbeitnehmer von ihrem „Betrieb", einer längeren Lebensarbeitszeit, Diskontinuitäten in der Erwerbsbiografie sowie der Notwendigkeit zu mehr Eigenverantwortung für die Lernbiografie.

- Die Veränderungen in der Lebenswelt, die den Unterschied zwischen Arbeit und Privatleben verringern, persönliche und soziale Beziehungen erschweren sowie ethnische Spannungen durch das Siedlungs- und Wohnverhalten erzeugen.

Mit **„Bildung neu denken! Das Zukunftsprojekt"** wirbt die Vereinigung der Bayerischen Wirtschaft für ein zukunftsfähiges Bildungssystem, in dem

Für ein neues zukunftsfähiges Bildungssystem

- die Schwächen des gegenwärtigen Bildungssystems offen diskutiert werden,

- die nachwachsende Generation bestmöglich ausgebildet wird,

- die Zahl qualifizierter Absolventen gesteigert wird,

- eine grundlegende Reform bis zum Jahre 2020 zeitnah, entschlossen, zielorientiert und nachhaltig durchgesetzt wird.

Mit **„Bildung neu denken! Das Zukunftsprojekt!"** wurde ein Konzept für das deutsche Bildungswesen vorgelegt, das

Lebenslanges Lernen als Grundsatz

- sich an der gesamten Lebensspanne orientiert,

- die Bedingungen um 2020 reflektiert,

- aus der Perspektive des Individuums und seiner Bildungsbiografie plant.

Die Bildungsbiografie wird für Menschen im Jahre 2020 in fünf Lebensphasen gesehen:

- Kindesalter (0 bis ca. 14 Jahre),

- Jugendalter (ca. 14 bis ca. 21 Jahre),

- frühes Erwachsenenalter (ca. 21 bis ca. 35 Jahre),

- mittleres Erwachsenenalter (ca. 35 bis ca. 65 Jahre),

- späteres Erwachsenenalter (ab ca. 65 Jahre).

„**Bildung neu denken! Das Zukunftsprojekt**" entwickelt für jede dieser Lebens- und Lernphasen Empfehlungen zu Inhalten und Zielen des Lernens, zum Umgang mit Lernzeit, zu Lernorten, zu Qualität und Methoden des Lernens sowie zur Auswahl und Qualifizierung des Bildungspersonals.

Es wird davon ausgegangen, dass die Bedingungen des Lehrens und Lernens auf dem neuesten Wissensstand der Lehr-Lern-Forschung Berücksichtigung finden müssen.

Ziele des Lehrens und Lernens

Dementsprechend sind Ziele des Lehrens und Lernens:

- Basiskompetenzen zur Sicherung elementarer Lebens- und Handlungsfähigkeiten,

- Weltwissen zur Orientierung im privaten wie im beruflichen Leben,

- personale Schlüsselqualifikationen für Alltag und Beruf,

- soziale Kompetenzen.

Ein optimales Verständnis sieht Unterricht heute in erster Linie als Aktivität des Lernenden. Deshalb darf Lernen nicht als passiver Vorgang betrieben werden, es muss vielmehr konstruktiv sein, systematisch erfolgen und sowohl durch Unterweisung als auch durch selbstständiges Problemlösen stattfinden. Lernen muss die Lernvoraussetzungen der Individuen berücksichtigen und realitätsnah sein.

Leitbilder für Leben, Lernen, Arbeiten

Die Empfehlungen von „**Bildung neu denken! Das Zukunftsprojekt**" resultieren nicht nur aus der Analyse künftiger Bedingungen, wie sie um 2020 erwartbar sind, sie folgen auch klaren Leitbildern für Leben, Lernen und Arbeiten. Zu diesen Leitbildern gehört:

- Die strikte Trennung zwischen Arbeit und Freizeit kann nicht aufrechterhalten werden.

- Bildung muss sich am Vollzug des Lebens, der Arbeit und des Berufes orientieren.

- Das Individuum der Zukunft wird selbstverantwortlicher tätig sein und sich nicht auf die organisierende Tätigkeit des Staates verlassen.

- Das Individuum der Zukunft handelt gemeinschaftsorientiert, d. h. kompetent, verantwortungsvoll und in erheblichem Maße auch unter Verzicht auf eigenen Nutzen.

- Erziehung und Bildung sind auf Professionalität, Expertise und Exzellenz angewiesen.

- Die Erziehung von Kindern und Jugendlichen steht primär der Familie und danach dem Staat zu, wenn die Familie diese Funktion nicht wahrnehmen kann bzw. dort, wo Kinder in der Obhut des Staates, also etwa in der Schule, aufwachsen.

- Bildung ist keine exklusive Staatsangelegenheit, sondern muss auch dem Markt und der privaten Initiative offen stehen.

- Dem Recht auf einen freien Zugang zu allen Bildungsangeboten entspricht eine Verpflichtung, Bildungsangebote auch im Erwachsenenleben wahrzunehmen.

Aus diesen Leitbildern ergeben sich zunächst zahlreiche allgemeine Empfehlungen:

Allgemeine Empfehlungen

Zur Deckung des Bildungsbedarfs wird empfohlen,

- die Konsequenzen des demografischen Wandels zu analysieren,

- Bildungsreserven aus bildungsfernen Schichten, aus der weiblichen Bevölkerung, aus der Gruppe von Zuwanderern und aus der Gruppe von Lernschwachen zu aktivieren,

- den Anteil der Höher- und Höchstqualifizierten durch eine anspruchsvolle Primärausbildung sowie durch das Nachholen von Abschlüssen systematisch zu steigern,

- die Berufsfähigkeit der Erwerbstätigen, bis hin zu den älteren Erwachsenen, zu erhalten und auszubauen,

- ein differenziertes System der Weiterbildung mit den drei Säulen Aufstiegs-, Umstiegs- und Nachqualifikation zu etablieren.

Im Hinblick auf die individuellen Interessen von Lernern und Erwerbstätigen wird empfohlen,

- ein höheres Maß an Individualisierung im Bildungssystem zu ermöglichen,

- Selbstbestimmung und -verantwortung für die eigene Bildungsbiografie zur Regel zu machen,

- Bildungsbereitschaft und -erfolg zu belohnen,

- Arbeits- und Lernbedingungen familienfreundlicher zu gestalten,

- Weiter- und Aufstiegsqualifizierung lebenslang konsequent offen zu halten,

- ein Ziviles Pflichtjahr für alle Jugendlichen als Ausbildungsbestandteil einzuführen.

Förderung von Privatinitiativen

Für die Sicherung von Privatinitiativen im Bildungsbereich wird empfohlen:

- Privatinitiative liegt in der Verantwortung des Einzelnen für seine Bildungsbiografie. Jedes Mitglied der Gesellschaft muss lernen, künftig in seine eigene Bildung mehr zu investieren, sowohl ökonomisch als auch im Hinblick auf Zeit und Anstrengung.

- Privatinitiative muss verstärkt werden im allgemein bildenden Bereich. Dazu gehören die Erleichterung der Gründung von Privatschulen sowie die Umgestaltung von Hochschulen und Universitäten zu Bildungsunternehmen.

- Im berufsbildenden Bereich ist die Verantwortung der Wirtschaft für die Qualität der Berufsausbildung zu stärken.

- Private Initiative drückt sich auch aus in einer stärkeren Zusammenarbeit zwischen öffentlichen Bildungseinrichtungen und dem nichtöffentlichen Bereich, Eltern, Vereinen, Verbänden und Unternehmen.

Zur Deregulierung des Bildungswesens wird empfohlen, dass der Staat

- seine Verantwortung auf die Bereitstellung einer qualitativ hoch stehenden Grundbildung vom 4. bis zum 14. Lebensjahr konzentriert,

- die Bildungsaufsicht im obrigkeitsstaatlichen Sinne durch Managementmodelle (z. B. Zielvereinbarungen, Kosten-Leistungs-Rechnung usw.) ersetzt,

- grundsätzlich keine Staatsprüfungen im Bildungsbereich durchführt,

- auf Wettbewerbsverzerrungen im Bildungsmarkt verzichtet, z. B. dadurch, dass er selbst nicht als Anbieter im Weiterbildungsmarkt auftritt,

- die Finanzierung der individuellen Ausbildung sukzessive auf die Bildungsunterstützung von sozial Schlechtergestellten reduziert,

- Qualitätskontrolle durch die Zulassung von privaten Akkreditierungsunternehmen ausübt,

- ein Zertifizierungssystem vorgibt, innerhalb dessen qualitätskontrollierter Wettbewerb stattfindet.

Zur Modernisierung des deutschen Bildungssystems wird empfohlen:

- Bildungsinhalte müssen an dem neuesten Stand von Wissenschaft und Technik (Lernmedien) orientiert werden.

- Lernmethoden müssen sich an gesichertem empirischen Wissen über Lehr-/Lernprozesse orientieren.

- Zur Modernisierung gehört die kontinuierliche Weiterbildung, damit die Menschen für Leben und Arbeit an die neuesten technischen Entwicklungen anschlussfähig sind.

- Das Marktprinzip im Bildungswesen führt zu einer Schärfung von Profilen sowie zu einer stärkeren Nachfrageorientierung.

Intergenerationelles
Lernen

Zur Sicherung von Intergenerationalität gelten angesichts der demografischen Entwicklung folgende Empfehlungen:

- Das Bildungssystem muss sicherstellen, dass Kinder und Jugendliche Respekt vor der Lebensleistung der älteren Generationen lernen und erkennen, dass Generationen grundsätzlich gleichwertig sind.

- Das Bildungssystem muss konsequent auf die Fort- und Weiterbildung älterer Generationen setzen, da diese für den Arbeitsmarkt unentbehrlich sein werden.

- Intergenerationale Arbeits- und Lernteams werden empfohlen, um ein wechselseitiges Lernen zwischen den Generationen zu ermöglichen.

Internationali-
sierung

Für die Internationalisierung des deutschen Bildungssystems wird empfohlen,

- den Fremdsprachenunterricht im allgemein bildenden Schulsystem zu intensivieren, bilinguale Schulen einzurichten, verstärkt Auslandsaufenthalte in den Bildungsweg zu integrieren, Migranten zur erfolgreichen Eingliederung gezielt zu beschulen,

- zweisprachige Studiengänge verstärkt einzurichten sowie den Anteil ausländischer Studierender zu erhöhen,

- internationales Lehr- und Ausbildungspersonal gezielt anzuwerben und einzusetzen.

Europäisierung

Für die Sicherung einer raschen Europäisierung wird empfohlen, dass der Staat

- die inhaltlichen europäischen Standards in den Curricula auf europäischer Ebene mitbestimmt und im Inland durchsetzt,

- das System der Berufsausbildung übersichtlicher organisiert,

- die Modularisierung von der 2. bis zur 5. Lebens- und Lernphase konsequent durchsetzt,

- traditionelle deutsche Bewertungssysteme durch das Creditsystem ersetzt,

- die deutschen akademischen Abschlüsse durch BA/MA unter Beibehaltung der Promotion ersetzt.

Für die inhaltliche Gestaltung des Bildungssystems wird die Durchsetzung einer höheren Verbindlichkeit dringend empfohlen. Eine falsch verstandene Individualisierung hat in der Vergangenheit zu einem Maß an Beliebigkeit geführt, das auf Kosten der Qualität gegangen ist. Eine begrenzte nationale Vereinheitlichung im Bildungssystem wird empfohlen

Begrenzte nationale Vereinheitlichung

- für die Lebensphase Kindesalter,

- für die Lebensphase Jugend in wissenschafts- und lebenslauforientierten Inhalten sowie in berufsfeldorientierten Bildungsinhalten,

- im Hinblick auf das Zertifizierungssystem und auf die Zulassung in Bildungsgängen.

Für die Revision von Bildungszielen und Bildungsinhalten gelten folgende Empfehlungen:

Bildungsziele und -inhalte

- Wichtigste Aufgabe des primären Bildungsbereichs ist die Vermittlung von Literalität (Basiskompetenzen). Dazu gehören die Beherrschung der Verkehrssprache, mathematische Modellierungsfähigkeit, fremdsprachliche Kompetenz, IT-Kompetenz, die Fähigkeit zur Selbstregulation des Wissenserwerbs und motorische Koordinierungsfähigkeit.

- Die Aufgabe des sekundären Bildungsbereichs ist besonders die Vermittlung von Weltwissen in den Bereichen von Natur und Technik, Kunst und Kultur, Wirtschaft und Gesellschaft.

- In allen Bildungsbereichen sind personale Schlüsselqualifikationen zu vermitteln, insbesondere: soziale Kompetenz, Verantwortungsbereitschaft, Nachhaltigkeitsbereitschaft, Durchsetzungsbereitschaft, Kompromissfähigkeit, Selbstverwirklichungsmotiv, Leistungsmotiv, Selbstwirksamkeitserwartung, Unabhängigkeitsstreben, Stressresistenz, Ungewissheitstoleranz, emotionale Stabilität, Optimismus, Unkonventionalität/Kreativität, Problemlöseorientierung, Risikobereitschaft und Selbstorganisationsfähigkeit.

- Das Bildungssystem muss ein proaktives, positives Persönlichkeitsbild vermitteln. Dazu gehören Identitätsfindung, Willenskraft, Wertorientierung, Verhaltenssicherheit, Autonomie, Verantwortung, Flexibilität und Anpassungsbereitschaft.

- Ziele und Inhalte auch des allgemein bildenden Systems sind an der Tradition und den längerfristigen Beständen an Wissen und Werten der europäischen Kultur zu orientieren. Ebenso bedeutsam ist aber eine konsequente Arbeits- und Berufsorientierung des Lernens. Der Gegensatz zwischen allgemeiner und beruflicher Bildung ist überholt, Allgemeinbildung im Sinne personaler Kompetenzen kann auch durch arbeitsbezogene bzw. berufliche Bildung erworben werden.

- Das Lernen in akademischen Bildungsgängen muss die enge Fachorientierung überwinden und die Prinzipien von Überfachlichkeit, Berufsorientierung, exemplarischem Lernen, Transdisziplinarität und Interkulturalität umsetzen.

- In allgemeiner und arbeitsorientierter Bildung müssen unternehmerische Qualifikationen vermittelt werden, weil die Zukunft nicht durch den Versorgungsstaat, sondern durch internationalen Wettbewerb geprägt sein wird. Unternehmerische Qualifikationen sind mit Schlüsselqualifikationen teilweise kongruent. Dazu gehören Verantwortungsbereitschaft, Kommunikationsfähigkeit, Führungsfähigkeit, Handlungsmotivation, Unabhängigkeitsstreben, Optimismus, emotionale Stabilität, Selbstorganisationsfähigkeit.

- Körpererziehung und motorische Koordinationsfähigkeit müssen den allgemeinen und beruflichen Bildungsprozess begleiten.

- Auch im Berufsbildungsbereich muss eine zu hohe Fachspezialisierung überwunden werden. Berufsfeldorientierung des Lernens soll dies sicherstellen.

Für die Verbesserung der Bildungsqualität gelten folgende Empfehlungen:

- Schüler wie auch Erwachsene müssen wesentlich mehr und auf einem höheren Leistungsniveau lernen.

- Der Anteil des höher qualifizierten Personals an der Bevölkerung muss dringend gesteigert werden.

- Eine regelmäßige Qualitätsüberprüfung des Lehrpersonals, der Lehrpläne sowie der Methoden und Medien muss staatlicherseits durchgesetzt werden.

- Bildungseinrichtungen sind darauf zu verpflichten, Leistungs- und Inhaltsprofile herauszubilden.

- Die Qualität von Bildungseinrichtungen ist regelmäßig öffentlich zu dokumentieren, damit Lernende daran ihre Entscheidung für eine Bildungseinrichtung orientieren können.

- Die Qualität der Leistungszertifizierung muss dringend verbessert werden. Zertifikate müssen den tatsächlichen Leistungsstand des Absolventen wiedergeben. Dazu ist eine größere Zahl von Maßnahmen erforderlich:

  - kontinuierliche Leistungsdiagnostik,

  - eine differenzierte, objektive Leistungsdiagnostik findet vor allen Entscheidungen statt, die Einfluss auf die Bildungsbiografie haben,

  - vor der Einschulung, die ab dem vollendeten 4. Lebensjahr möglich ist, findet zur Erhebung der Beschulungsfähigkeit ein Schulleistungsscreening statt,

  - Einrichtungen des tertiären bis quartären Bereichs führen vor der Aufnahme von Lernenden Aufnahmediagnosen durch, um über Selektion und Fördermaßnahmen zu entscheiden,

  - Leistungsüberprüfungen werden nach Möglichkeit zentralisiert durchgeführt,

- Leistungsüberprüfungen erfolgen durch Personen, die die Prüflinge nicht selbst ausgebildet haben,

- Leistungsbeurteilungen erfolgen grundsätzlich quantitativ und qualitativ. Die Notenskala wird durch ein Beurteilungssystem aus Leistungspunkten ersetzt. Qualitative Leistungsbeurteilungen dienen dem Feedback für den Lerner,

- kontinuierliche Leistungsmessung und -dokumentation ersetzen Zeugnisse durch permanente Kreditierung.

Professionalisierung des Lehrpersonals

- Für die dringend notwendige Professionalisierung in Schule, Hochschule und Ausbildung gelten folgende Empfehlungen:

  - Die Zulassung von Lehramtsstudenten zum Studium folgt einem Leistungs- und Eignungstest.

  - Jeder Lehramtsstudent erhält für Lehrämter in der Primarstufe und der Sekundarstufe I eine siebensemestrige Grundausbildung.

  - Die Lehrerausbildung ist einphasig.

  - Lehramtsstudierende werden einer Stammschule zugewiesen, die sie wöchentlich besuchen.

  - Im Rahmen der Lehrerausbildung findet möglichst früh ein mindestens halbjähriges Schulpraktikum statt.

  - Die akademische Grundausbildung endet mit dem BA für Lehrer der Primarstufe, der Sekundarstufe I und der Berufsschule. Darauf kann ein MA-Abschluss aufgebaut werden. Der BA kann an Universitäten, Fachhochschulen und Berufsakademien erworben werden.

  - Die Grundausbildung wird durch eine berufsbegleitende Weiterbildung für alle Lehrer ergänzt. Nichtbeteiligung an der Weiterbildung führt zum Verlust der Lehrbefähigung.

  - Auch Fach- und Betriebslehrer erhalten eine Ausbildung in didaktisch-methodischen Modulen.

- Didaktische Qualifizierung wird zur Einstellungsvoraussetzung für Hochschulpersonal.

- Hochschullehrer sind zu unterscheiden in solche, die nur in der Ausbildung (vornehmlich BA) tätig sind, in Professoren, die nur in der Forschung tätig sind, und solche, die als Lehrer und in der Forschung tätig sind.

- Zur Professionalisierung der Ausbildung werden in allen Bereichen des Bildungssystems Berufsexperten als Lehrende einbezogen. Sie garantieren einen ausreichenden Wirklichkeitsbezug im Bildungssystem.

- Diagnostische Aufgaben werden, soweit Lehrer nicht entsprechend ausgebildet wurden, von Spezialisten wahrgenommen, insbesondere Pädiatern und Psychologen.

- Beratung und Erziehung finden durch professionelle Pädagogen statt.

- Für den Weiterbildungssektor wird der akademische Beruf des Weiterbildners geschaffen.

- Berater für die Bildungsbiografie haben ein BA-Studium mit einem vielfältigen Modulkatalog aus verschiedenen Fächern absolviert.

- Der Einbezug älterer Arbeitnehmer in die Ausbildung am Arbeitsplatz gewährleistet, dass Erfahrungswissen im Beruf nicht verloren geht.

- Für Eltern werden Qualifizierungsmaßnahmen vorgehalten, die es ihnen erlauben, ihren Kindern erziehend, beratend und lehrend zur Seite zu stehen.

- Zur Qualitätsverbesserung der Bildungsberatung gilt: Beratung ist

  - persönlich,

  - unabhängig, gegebenenfalls anonym,

  - differenziell und individualisiert,

  - kontinuierlich und Lebenslauf begleitend,

  - obligatorisch,

  - Unterstützung bei Bildungsbiografie-Entscheidungen,

  - orientiert an regionalen Bedarfslagen,

  - verknüpft mit Arbeitsplatzvermittlung und der Vermittlung von Weiterbildungsmaßnahmen,

  - eine Feedback-Maßnahme während des Berufsverlaufs.

- Eine verbesserte Verbindung von Theorie und Praxis ist zu realisieren

  - durch Personalaustausch zwischen beruflichen und allgemeinen Bildungsgängen,

  - durch mehrmonatige Praxisphasen in Ausbildungs- und Studiengängen,

  - durch eine konsequente Angleichung akademischer und beruflicher Qualifikationen,

  - durch Doppelqualifikationen im berufsbildenden und allgemein bildenden Feld (z. B. Meister / Master),

  - durch einphasige Ausbildungen,

  - durch handlungsorientierte, betriebsnahe Weiterbildung.

Zur Effektverbesserung des deutschen Bildungssystems sind Differenzierung und Individualisierung so durchzusetzen, dass

- Lerngruppen konsequent altersheterogen, aber leistungshomogen zusammengesetzt sind, wobei in der Sekundarstufe I auch Leistungsheterogenität zu einer Leistungssteigerung der Schwächeren führt;

- Bildungsinstitutionen (Schultypen) in der Sekundarstufe I sich an der Differenzierung großer Leistungskohorten orientieren: Gymnasium für mindestens das oberste Leistungsterzil, Sekundarschule für die beiden anderen Leistungsterzile, Sonderschule für Schwerbehinderte, Spezialschulen für besondere Begabungen;

- Kinder und Jugendliche mit besonderem Förderungsbedarf (Migranten, ADS-Kinder, LRS-Kinder) zusätzlichen Sonderunterricht als Einzel- oder Kleingruppenunterricht erhalten;

- Lernende ihr Lerntempo weitgehend selbst bestimmen müssen;

- Unterricht konsequent durch individuelle Maßnahmen binnendifferenziert werden muss;

- Weiterbildungsmaßnahmen sich an der individuellen Bildungsbiografie orientieren müssen;

- Schulferien und andere lernfreie Zeiten für zusätzlichen Unterricht verwendet werden können;

- Hochbegabten Zusatzangebote gemacht werden;

- ältere Arbeitnehmer als Qualifizierer im Betrieb eingesetzt werden;

- Lernen im Alter an den verbliebenen sensorischen Möglichkeiten orientiert werden muss;

- der Gedanke der Chancengleichheit durch den Gedanken der Chancengerechtigkeit ersetzt werden muss, da die Ausbildungschancen sich an den individuellen Lernmöglichkeiten orientieren müssen und nicht an der fiktiven Erreichbarkeit aller Abschlüsse für alle.

Verdichtung der
Lernzeit

Ein sparsamer Umgang mit Lebenszeit bei gesteigerten Lerneffekten ist möglich:

- durch eine Verfrühung des Lernens und mögliche Vorverlegung des Einschulungsalters auf das vollendete 4. Lebensjahr (je nach Ergebnis einer vorausgehenden Anamnese der individuellen Lernvoraussetzungen),

- durch eine Begrenzung der Schulpflicht auf das vollendete 14. Lebensjahr,

- durch den Verzicht auf Klassenwiederholung,

- durch eine Verdichtung des Lernens im Rahmen einer Ganztagsschule sowohl im allgemein bildenden als auch im berufsbildenden Bereich,

- durch die Nutzung von Teilen der Schulferien für Sommerschulen und individuelle Fördermaßnahmen,

- durch eine Begrenzung der Schulferien auf den Urlaubsumfang bei Auszubildenden im Jugendalter,

- durch eine rechtzeitige Feststellung von Bildungsbedarfen sowohl im Betrieb als auch individuell,

- durch eine Verstetigung der berufsbegleitenden Weiterbildung in mindestens 3-Jahres-Rhythmen,

- durch eine zielführende Bildungsbiografieberatung, die Fehlsteuerungen verhindert,

- durch eine erfolgreiche Verbindung von Weiterbildungsmaßnahmen mit familiären Interessen (Einbezug der Familie in Bildungsmaßnahmen).

Angesichts der hohen Stabilität des bestehenden Bildungssystems wird für die Umsetzung einer grundlegenden Bildungsreform bis 2020 eine Reihe von Steuerungsprinzipien empfohlen:

Steuerungsprinzipien des reformierten Bildungssystems

- Ökonomisierung von Bildung ohne utilitaristische Vereinfachung und unter Gewährleistung von Chancengerechtigkeit,

- Wechsel von direkter politischer auf indirekte Steuerung,

- Deregulierung durch Aufgabenkritik des Staates und Rückbau von Rechtsregelungen,

- Outsourcing der derzeitigen Staatsaufsicht über das Bildungswesen,

- vereinfachte Zulassung von privaten Bildungseinrichtungen,

- Umsetzung eines Systems für permanentes effektives Qualitätsmanagement,

- Einführung leistungs- und belastungsorientierter Bezahlung im Bildungswesen,

- Durchsetzung einer Kunden- und Serviceorientierung im Bildungswesen,

- weitest mögliche Autonomie aller Bildungseinrichtungen durch Verlagerung der Entscheidungen über Budget, Personal, Mittelvergabe, Binnenorganisation, Prüfungen, Kooperationen, Auswahl der Nutzer, Bildungsinhalte etc. in die Einrichtungen,

- curriculare Standardisierung durch Mindestqualifizierungspflicht, Modularisierung von Lerninhalten, einheitliche Bewertungssysteme,

- zeitliche Standardisierungen bezüglich Zeitpunkt der Einschulung, Dauer der Bildungspflicht, Umstellung des Schulbetriebs auf Ganztagsbetrieb und kürzere Schulferien, Einrichtung eines Zivilen Pflichtjahres, grundsätzliche Einphasigkeit der akademischen Ausbildung.

- Professionalisierung von Bildungsberufen durch Reform des Lehramtsstudiums (Eignungsprüfung, Einphasigkeit, Praxisorientierung), befristete Beschäftigung und leistungsbezogene Besoldung von Bildungspersonal auf Angestelltenbasis, Einbezug externer Berufsexperten im Regelunterricht, Einrichtung eines professionalisierten Berufs des Weiterbildners sowie des Bildungsberaters, Spezialisierung von Hochschullehrern auf akademische Ausbildung für pädagogische Berufe.

Fazit

Für die Umsetzung der Reformvorschläge von **„Bildung neu denken! Das Zukunftsprojekt"** steht nicht viel Zeit zur Verfügung. Tatsächlich muss mit der Einleitung der Reformen unmittelbar begonnen werden, wenn noch rechtzeitig Effekte für den Erhalt des Wirtschaftsstandorts Deutschland auf einem angemessenen sozialen Niveau erwartbar sein sollen.

Der Blick auf den demografischen Wandel innerhalb der deutschen Bevölkerung zeigt deutlich, wieso es kein Zögern geben darf: Wir werden bis 2020 rund 18 Prozent weniger 0- bis 19-Jährige in unserer Bevölkerung haben, 12,4 Prozent weniger 20- bis 34-Jährige und etwas mehr als 50 Prozent über 50-jährige. Die Zahl der Erwerbstätigen wird im Zeitraum von jetzt bis 2030 von 40 Millionen auf etwa 25 Millionen sinken. Das hat zur Folge, dass wir länger arbeiten müssen – für 2020 gehen wir davon aus, dass wir nicht unter einem Alter von 70 Jahren aus dem Berufsleben ausscheiden können. Das bedeutet aber auch, dass „lebenslanges Lernen", wie es heute als Schlagwort in aller Munde ist, endlich konkretisiert werden muss.

Auch wenn bei dem Versuch einer Umsetzung unserer Empfehlungen mit erheblichem Widerstand von verschiedenen Gruppen zu rechnen und schließlich zu befürchten ist, dass in dieser Situation die Neigung des politischen Systems, sich mit Kleinkorrekturen zufrieden zu geben, groß sein wird, nicht zuletzt auch, um die eigene politische Existenz nicht zu gefährden, wird es nun gerade darauf ankommen, dass die Politik sich nicht mit einzelnen Reformschritten begnügt, sondern eine grundsätzliche Umsteuerung einleitet. Sollte dies nicht gelingen, dann steht nicht mehr nur die Existenz einiger Gruppen politischer Akteure in Frage, sondern diejenige des Wirtschafts- und Lebensstandorts Deutschland. Die Devise des Handelns muss entsprechend heute mehr denn je lauten: Bildungsinvestitionen sind Investitionen zur Vermeidung sozialer Schieflagen und sozialer Verelendung, mit denen für die Zukunft durchaus gerechnet werden muss, sollte eine Umsteuerung des Systems nicht unverzüglich stattfinden.

Weiteren Einblick in das detailreiche Konzept von „Bildung neu denken! Das Zukunftsprojekt" gewährt das unter Kapitel 12 dieser Studie aufgeführte Inhaltsverzeichnis.

3. Ausgaben für Bildung in Deutschland:

Definitionen und Ergebnisse

Welche der vielfältigen monetären Transaktionen zwischen Wirtschaftssubjekten als „Ausgaben für Bildung" angesehen werden, unterliegt definitorischen Konventionen. Häufig gehen diese von dem verfügbaren Zahlenmaterial aus. Durch weitere Überlegungen gelangt man zu einem konsistenteren System der Darstellung, bei dem die verbliebenen Datenlücken sukzessive durch zusätzliche statistische Auswertungen und Schätzungen geschlossen werden. Einen solchen Weg beschreitet in Deutschland die amtliche Statistik bei der Aufstellung eines „Bildungsbudgets" (siehe Hetmeier und Schmidt 2000).

Was sind Bildungsausgaben?

Das Bildungsbudget für das aktuell letztverfügbare Jahr 2000, das im Folgenden in seinen konzeptionellen Grundlagen und in seinen Ergebnissen erläutert wird, stellt das Ergebnis solcher Anstrengungen dar. In wesentlichen Teilbereichen kann es als vollständig und aussagekräftig angesehen werden, bei bestimmten Ausgabenkategorien bestehen jedoch Unsicherheiten über die Wahl der richtigen Konzeption und über die Größenordnung der einzusetzenden Beträge. Die Positionen des Bildungsbudgets und die ihnen zugrunde liegenden Statistiken und Konzeptionen sind der Ausgangspunkt für die in dieser Studie angestellten Überlegungen zu den finanziellen Auswirkungen von **„Bildung neu denken! Das Zukunftsprojekt"**. Außerdem bildet das Bildungsbudget das Scharnier zum internationalen Vergleich von Bildungsausgaben, der im folgenden Kapitel thematisiert wird.

Bildungsbudget als Basis der Berechnung

Das Bildungsbudget ist zweifach gegliedert. In der einen Dimension werden verschiedene Bildungsbereiche unterschieden, in der anderen Dimension die finanzierenden Stellen. Finanziert werden die Ausgaben für Bildung einerseits durch die öffentlichen Haushalte, die nach den Haushaltsebenen Bund, Länder und Gemeinden differenziert sind, sowie durch die „Privaten", zu denen die privaten Haushalte und die Unternehmen gehören. Bildungseinrichtungen etwa finanzieren sich aus mehreren Quellen, wie zum Beispiel die öffentlichen allgemein bildenden Schulen, deren Lehrkräfte überwiegend vom Land finanziert, während die Gebäude (Bau und Unterhalt) von den Gemeinden getragen werden.

Zu den Bildungsausgaben gehören Ausgaben für den unmittelbaren Bildungsprozess sowie Ausgaben für den Lebensunterhalt bestimmter Bildungsteilnehmer (siehe unten). Ausgaben für den Bildungsprozess sind zunächst und in erster Linie die Ausgaben der Träger der Bildungseinrichtungen. Das sind in Deutschland überwiegend die öffentlichen Haushalte. Entsprechend dem kameralistischen

Kameralistische Buchführung

Rechnungswesen der öffentlichen Haushalte gehören zu den Ausgaben die (laufenden) Personalausgaben, der laufende Sachaufwand sowie Ausgaben für Bau- und Bauunterhaltungsmaßnahmen und andere Investitionsgüter, z. B. Laborgeräte. Die Investitionsausgaben werden jeweils in dem Jahr als Ausgaben gerechnet, in dem sie getätigt werden. Eine zeitliche Verteilung der Investitionsausgaben auf die Nutzungsperioden findet nicht statt. Wenn die Investitionsausgaben von Jahr zu Jahr nicht allzu stark schwanken, dann ist der Unterschied zwischen den Ausgaben nach kameralistischer und nach kaufmännischer Betrachtungsweise, bei der eine zeitliche Verteilung der Investitionen auf die Nutzungsperiode vorgenommen wird, nur gering.

Bei den Personalausgaben besteht die Besonderheit, dass viele der im Bildungswesen Beschäftigten Beamte sind, bei denen anders als bei Angestellten oder Arbeitern die Aufwendungen für die Altersversorgung zeitlich gesehen viele Jahre später anfallen, nämlich wenn sie pensioniert sind, und bei denen der Zuschuss des Arbeitgebers zur Krankenversicherung nicht Bestandteil des Bruttolohns ist, sondern aus einem anderen „Haushaltstitel" bezahlt wird. Für beide Besonderheiten werden im Zahlenwerk des erläuterten Bildungsbudgets Zuschläge vorgenommen, so dass die Personalkosten von der Beschäftigungsform als Angestellter oder Beamter unabhängig sind.

Definition der Bildungsausgaben

Die Ausgaben des öffentlichen Bereichs für den Bildungsprozess sind durch die Ausgaben für öffentliche allgemein bildende Schulen, Hochschulen und Berufsschulen geprägt (vgl. die Zeilen A12, A13, A14 in Tabelle 3-1). Große Ausgabenbeträge der Privaten für den Bildungsprozess entstehen für die betriebliche Ausbildung im Rahmen der dualen Berufsausbildung (Zeilen A31 und A32) sowie der betrieblichen Weiterbildung (Zeile A4), für die private vorschulische Erziehung, das sind die von den Kirchen und den Wohlfahrtsverbänden sowie der öffentlichen Hand getragenen Kindergärten bzw. Kindertagesstätten (Zeile A21), sowie für die Ausgaben von Schülern und Studierenden für den Bildungsprozess, die im Wesentlichen Ausgaben für Lernmittel sowie für Privatunterricht („Nachhilfe") umfassen (Zeile A6).

Zu den öffentlichen Ausgaben für sonstige private Bildungseinrichtungen (Zeile A54) gehören im wesentlichen die bildungsrelevanten Aktivitäten der Bundesagentur für Arbeit (vormals Bundesanstalt für Arbeit) für institutionelle Förderung, berufsvorbereitende Maßnahmen, Erstausbildung, Weiterbildung, Wiedereingliederung.

Bei den Hochschulen sind die Einnahmen aus der Krankenversorgung an den Hochschulkliniken und die Einnahmen aus „Drittmitteln" für Forschung bzw. die Ausgaben der entsprechenden finanzierenden Stellen (Krankenversicherungen und Drittmittelgeber) nicht im Bildungsbudget enthalten. Ebenfalls nicht zu den Bildungsausgaben zählen die an Bildungsteilnehmer gezahlten Löhne und Gehälter, zum Beispiel während der dualen Berufsausbildung oder während einer Weiterbildung.

Die Ausgaben der Unternehmen für die betriebliche Ausbildung im Rahmen der dualen Ausbildung werden bestimmt durch die Personalkosten der Ausbilder, die Sach- und Anlagekosten der Unternehmen für die duale Ausbildung sowie die sonstigen in diesem Zusammenhang bei den Unternehmen entstehenden Kosten wie etwa Lehr- und Lernmaterial, Kammergebühren, Berufs- und Schutzkleidung, Verwaltung der Ausbildung. Nicht einbezogen sind einerseits die Ausbildungsvergütungen und andererseits die Erträge aus den produktiven Leistungen der Auszubildenden.

Unter der Überschrift „Förderung von Bildungsteilnehmern" sind im Bildungsbudget verschiedene öffentlich finanzierte Aufwendungen zusammengefasst, die der Förderung des Lebensunterhalts von Bildungsteilnehmern dienen. Dazu gehören als größte Ausgabenbeträge die Förderung des Lebensunterhalts von Teilnehmern an Fortbildungs- und Umschulungsmaßnahmen durch die Bundesagentur für Arbeit, die öffentlichen Beiträge zum Lebensunterhalt von Studierenden durch die Studierendenförderung (BAföG) in Form von Zuschüssen und Darlehen und die Studentenwohnraumförderung sowie die öffentlichen Beiträge zum Lebensunterhalt von Bildungsteilnehmern, die älter als 18 Jahre sind und deren Eltern zum Bezug von Kindergeld berechtigt sind.

Nicht einbezogen sind die Aufwendungen zum Lebensunterhalt der (erwachsenen und nicht erwachsenen) Bildungsteilnehmer, die von den Bildungsteilnehmern oder deren Eltern selbst getragen werden. Die öffentlichen Zuschüsse zur Förderung des Lebensunterhalts von Bildungsteilnehmern decken den gesamten Aufwand der Bildungsteilnehmer teilweise vollständig (z. B. durch die Förderung von Fortbildung und Umschulung durch die BA), teilweise aber nur partiell (z. B. die Förderung nach BAföG) ab. Ausgaben für Unterbringung und Verpflegung der Bildungsteilnehmer in Bildungseinrichtungen wie z. B. Internaten zählen nicht zu den Bildungsausgaben.

Nicht zu den Bildungsausgaben zählen ferner die so genannten Opportunitätskosten der Zeitverwendung, das sind die Einkommen, die ein Bildungsteilnehmer erzielen könnte, wenn er erwerbstätig wäre, statt am Bildungsprozess teilzunehmen. Opportunitätskostenüberlegungen spielen in der ökonomischen Theorie zur Analyse der Bildungsnachfrage, bei der Bildungsausgaben als Investitionen in „Human Capital" angesehen werden, eine wichtige Rolle.

Nicht zu den Ausgaben für die Förderung von Bildungsteilnehmern gehören die steuerlichen Mindereinnahmen

- durch den Ausbildungsfreibetrag, den die Eltern erwachsener Bildungsteilnehmer dafür geltend machen können, dass sie zum Lebensunterhalt ihrer (erwachsenen) Kinder, die sich in Ausbildung befinden, beitragen;

- durch die Berücksichtigung von Aus- und Weiterbildungskosten, die von den Bildungsteilnehmern getragen werden und die bei der Berechnung ihrer Einkommen steuerlich als vorgezogene Werbungskosten für künftige Einkommen interpretiert werden;

- aufgrund der Berücksichtigung der Aufwendungen der Unternehmen für die duale Berufsausbildung als Betriebsausgaben.

Bildungsbudget 2000	Öffentlicher Bereich			Private	Gesamt
	Bund	Länder	Gemeinden		
	in Mrd. Euro				
A Ausgaben für den Bildungsprozess	7.7	60.4	15.8	32.0	115.8
A1 Öffentliche Vorschulen, Schulen, Hochschulen	1.1	54.0	10.0	2.2	67.4
A11 Vorschulische Erziehung		2.4	1.1	0.9	4.3
A12 Allgemeinbildende Schulen	0.1	35.2	7.5	0.8	43.6
A13 Berufliche Schulen		6.7	1.4	0.1	8.2
A14 Hochschulen	1.0	9.8		0.5	11.3
A2 Private Vorschulen, Schulen, Hochschulen		3.4	3.6	4.0	11.0
A21 Vorschulische Erziehung		0.4	3.3	3.3	7.0
A22 Allgemeinbildende Schulen		2.4	0.1	0.2	2.7
A23 Berufliche Schulen		0.5	0.1	0.4	1.1
A24 Hochschulen		0.1		0.1	0.2
A3 Betriebliche Ausbildung im Rahmen der dualen Bildung	0.1	0.4	0.5	12.9	13.9
A31 des öffentlichen Bereichs	0.1	0.4	0.5		1.0
A32 des nichtöffentlichen Bereichs				12.9	12.9
A4 Betriebliche Weiterbildung der Unternehmen, privaten Organisationen ohne Erwerbszweck, Gebietskörperschaften	0.2	0.7	0.5	7.9	9.3
A5 Sonstige Bildungseinrichtungen	6.2	1.8	1.3	0.3	9.6
A51 Serviceleistungen der öff. Verwaltung	0.1	0.7			0.8
A52 Einrichtungen der Jugendarbeit	0.1	0.2	1.0	0.1	1.4
A53 Sonstige öffentliche Bildungseinrichtungen	0.2	0.7	0.2	0.2	1.4
A54 Sonstige private Bildungseinrichtungen	5.9	0.1	0.1		6.1
A6 Ausgaben von Schülern und Studierenden für Nachhilfe, Lernmittel u. dgl.				4.6	4.6
B Förderung von Bildungsteilnehmern	7.2	2.4	1.8	1.3	12.6
B1 Bildungsförderung durch Gebietskörperschaften	0.7	1.1	1.3	1.3	4.4
B11 Schülerförderung	0.3	0.5	1.3		2.1
B12 Förderung der Studierenden	0.4	0.6		1.3	2.3
B2 Förderung von Bildungsteilnehmern durch die Bundesanstalt für Arbeit	5.2				5.2
B3 Kindergeld für kindergeldberechtigte Bildungsteilnehmer zwischen 19 und 25 Jahren	1.3	1.3	0.5		3.1
Zusammen	14.9	62.7	17.6	33.3	128.5

Tabelle 3-1: Bildungsbudget für Deutschland 2000

In Fettschrift: Summen oder Zwischensummen

Quelle: BLK-Bildungsfinanzbericht 2001/ 2002, Tabelle 1.2, Differenzen in den Summen durch Runden

Ergänzt man die Angaben des Bildungsbudgets um die Lebenshaltungskosten für Bildungsteilnehmer, die nicht mehr vollzeitschulpflichtig sind (15 Jahre und älter) sowie um Schätzungen für staatliche Ausgaben in Form von steuerlichen Mindereinnahmen, dann erhöhen die Bildungsausgaben sich beträchtlich und die Aufteilung auf die Träger der Ausgaben verändert sich bei einigen Bildungsgängen deutlich. Nach den Ergebnissen von Dohmen und Hoi (2004) belaufen sich die gesamten Ausgaben für Bildung unter Einbeziehung der beiden genannten Elemente im Jahr 2000 auf 167,2 Mrd. Euro, das sind 38,7 Mrd. Euro oder rund 30% mehr als bisher im Bildungsbudget ausgewiesen werden.

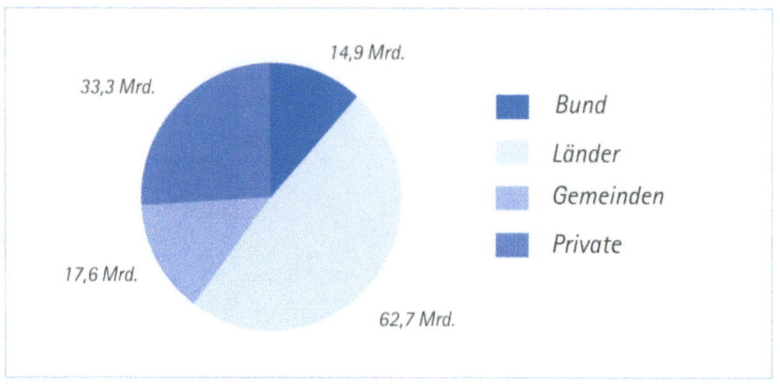

Abbildung 3-1: Aufteilung des Bildungsbudgets 2000 nach Trägern

Bildungsausgaben nach Ausgabearten

Eine Aufgliederung der Bildungsausgaben nach Ausgabearten ist nicht Bestandteil des Bildungsbudgets. Da diese Information für die Beurteilung der Bildungsausgaben wichtig ist, werden hier einige ergänzende Angaben dazu gemacht. An den Schulen entfallen im öffentlichen Bereich etwa 80% der Ausgaben auf Personalausgaben und je etwa 10% auf den laufenden Sachaufwand und auf Investitionen. Für vergleichbare Einrichtungen im privaten Bereich dürften ähnliche Größenordnungen gelten. Die Ausgaben der Unternehmen für Bildung im Rahmen der Dualen Ausbildung setzen sich aus 72% Personalkosten, 21% laufendem Sachaufwand und 7% Investitionen zusammen.

Bei den Hochschulen ist die Struktur der Ausgaben auf den ersten Blick ganz anders gelagert als bei den Schulen. Auf die Personalausgaben entfallen an den Hochschulen 61%, auf die laufenden Sachausgaben 27% und auf die Investitionen 11% der Ausgaben. Dabei bestehen erhebliche Unterschiede in der Struktur der Ausgaben zwischen den Fächergruppen. Die Fächergruppe Rechts-, Wirtschafts- und Sozialwissenschaften sowie die Sprach- und Kulturwissenschaften weisen einen hohen Personalausgabenanteil von 82% beziehungsweise 88% auf, während bei den naturwissenschaftlichen Studiengängen der Personalanteil bei 71% liegt. Bei den naturwissenschaftlichen Studiengängen ist der Anteil der investiven Ausgaben mit rund 15%

vergleichsweise hoch. Ganz anders ist die Ausgabenstruktur bei der Humanmedizin. Dort beträgt der Anteil der Personalkosten nur 54%, während die sonstigen laufenden Ausgaben einen Anteil von 35% auf sich vereinen. Dabei sind der Betrieb der Hochschulkliniken und die dort stattfindende Krankenversorgung mit in die Ausgaben einbezogen. Auf die Fächergruppe Humanmedizin entfallen 46,3% aller Hochschulausgaben. Aus diesem Grund wirkt sich die Ausgabenstruktur der Humanmedizin stark auf die durchschnittliche Struktur der Hochschulausgaben aus und lässt diese als deutlich verschieden von der Ausgabenstruktur bei den Schulen erscheinen.

Wenn im Folgenden bei der Ermittlung der finanziellen Auswirkungen der Empfehlungen von **„Bildung neu denken! Das Zukunftsprojekt"** die finanzielle Kenngröße „Ausgaben pro Schüler" oder „pro Studierenden" verändert wird, dann bezieht sich die Änderung auf alle Ausgabearten. Eine Erhöhung der Ausgaben pro Schüler von beispielsweise 10% bedeutet, dass sich die Ausgaben für Personal, für laufende Sachausgaben und für Investitionen um jeweils 10% erhöhen.

4. Ausgaben für Bildung im internationalen Vergleich

Seit Jahren betreibt die Organisation für wirtschaftliche Zusammenarbeit und Entwicklung (Organisation for Economic Cooperation and Development, OECD) die Zusammenstellung und vergleichende Kommentierung von Bildungsindikatoren. Die OECD-Publikation „Bildung auf einen Blick" operiert jährlich mit wechselnden Schwerpunkten der Indikatorendarstellung und Kommentierung und mit einem konstanten Indikatorenset. Im Hinblick auf die finanziellen Auswirkungen der Empfehlungen von **„Bildung neu denken! Das Zukunftsprojekt"** ist in dem Bericht des Jahres 2003 der Abschnitt B relevant, der sich mit den finanziellen Ressourcen für Bildung beschäftigt.

Bildungsindikatoren der OECD

Gegenüber dem deutschen Bildungsbudget besteht in den Zahlen für Deutschland in den OECD-Indikatoren eine Reihe von Unterschieden. In das deutsche Bildungsbudget, aber nicht in die OECD-Zahlen für Deutschland einbezogen sind beispielsweise Ausgaben der Unternehmen, privaten Organisationen ohne Erwerbszweck und der Gebietskörperschaften für die betriebliche Weiterbildung sowie Ausgaben der Bundesagentur für Arbeit für Fortbildung und Umschulung einschließlich der Förderung von Bildungsteilnehmern, soweit sie sich auf Weiterbildung beziehen. Ausgaben für Erstausbildung sind enthalten.

Unterschiede in der Erfassung des Bildungsbudgets

Eine Erhöhung oder Verminderung der entsprechenden Ausgaben in Deutschland hätte demnach keine Auswirkungen auf die Position Deutschlands im internationalen Vergleich der Bildungsausgaben. Umgekehrt sind in den OECD-Zahlen für Deutschland, aber nicht im deutschen Bildungsbudget die Ausgaben der Hochschulen für Forschung und Entwicklung einbezogen. In beiden Darstellungen sind die mit der Krankenversorgung an Hochschulkliniken verbundenen Einnahmen beziehungsweise Ausgaben nicht berücksichtigt.

Die so abgegrenzten und international vergleichbar gemachten Bildungsausgaben betrugen im Jahr 2000 für Deutschland 109 Mrd. Euro. In Relation zum Bruttoinlandsprodukt, dem umfassenden Ausdruck für die gesamtwirtschaftliche Leistung, sind das 5,3%. Unter den 29 OECD-Ländern, für die vergleichbare Daten vorhanden sind, liegt Deutschland an 18. Stelle; 17 Staaten weisen eine höhere und 11 Staaten eine geringere Kennziffer aus. Der (ungewogene) Mittelwert über diese 29 OECD-Länder beträgt 5,5%; der gewogene Mittelwert, der von dem hohen Gewicht der USA beeinflusst wird, die mit einer Kennziffer von 7,0% nach Korea den zweithöchsten Wert ausweisen, liegt bei 5,9%.

Bildungsausgaben im OECD-Vergleich

Einflussfaktoren
auf die Bildungs-
ausgaben

Abgesehen von Unterschieden in den Konventionen der Abgrenzung der Bildungsausgaben zwischen nationalen und internationalen Quellen wird die relative Stellung einzelner Länder bei diesem Indikator von einer Vielzahl von Faktoren beeinflusst. Beispielsweise können Länder mit hohen Bildungsausgaben eine höhere Bildungsbeteiligung aufweisen, während Länder mit niedrigen Bildungsausgaben entweder den Zugang zu bestimmten Bildungsbereichen beschränken oder die Bildungsinhalte auf besonders effiziente Weise vermitteln. Die Verteilung der Schüler oder Studierenden auf die verschiedenen Bildungsbereiche und Fächer kann sich ebenso unterscheiden wie die Dauer der Bildungs- oder Studiengänge sowie Umfang und Organisation der mit den Bildungseinrichtungen verbundenen Forschungsaktivitäten.

Faktoren, die auf die relative Höhe der Ausgaben wirken, sind insbesondere:

- der Altersaufbau der Bevölkerung: Der Anteil junger Menschen an der Bevölkerung beeinflusst die Höhe der Bildungsausgaben; der Anteil junger Menschen im Verhältnis zum Anteil von Menschen im Erwerbsalter beeinflusst die Relation der Bildungsausgaben zur wirtschaftlichen Wertschöpfung. Dieser Faktor senkt für sich genommen künftig die Bildungsausgaben in Deutschland und begünstigt im internationalen Vergleich Länder mit einer „jüngeren" Bevölkerung.

- die Bildungsbeteiligung, dabei insbesondere der Anteil junger Menschen an tertiären und quartären Bildungsgängen: Je höher dieser Anteil ist, desto höher sind tendenziell die Ausgaben für Bildung. Das gilt umso mehr, als die höheren Bildungsgänge pro Teilnehmer in der Regel deutlich teurer sind als die Bildungsgänge für jüngere Teilnehmer. Dieser Faktor wird künftig die Bildungsausgaben in Deutschland erhöhen, da – wie auch **„Bildung neu denken! Das Zukunftsprojekt"** zeigt – das Ziel zu verfolgen ist, den Anteil von Personen mit Hochschul- und Fachhochschulabschluss zu erhöhen bzw. Weiterbildung zu einem festen Element der Erwerbs- und Lernbiografie zu machen.

- die Dauer der Ausbildung, und dabei insbesondere die Dauer der besonders teuren tertiären Ausbildung. Dieser Faktor wird die Bildungsausgaben in Deutschland reduzieren, wenn es gelingt, mit den Bachelor-Abschlüssen die durchschnittliche Studiendauer deutlich zu verkürzen.

Der Anteil der öffentlichen und der privaten Ausgaben an den gesamten Bildungsausgaben ist zwischen den OECD-Staaten sehr unterschiedlich. Im Vorschulbereich sowie im Bereich der primären, der sekundären und der postsekundären, nicht tertiären Bildung ist der privat finanzierte Anteil in Deutschland deutlich höher als im Durchschnitt der OECD-Länder. Für den Vorschulbereich ist das insbesondere auf die von den privaten Haushalten getragenen Kindergartengebühren zurückzuführen, für den schulischen Bereich auf die hohen Ausgaben der Unternehmen für die berufliche Bildung im dualen System. Geringer als im Durchschnitt der OECD-Länder ist der privat finanzierte Anteil an den Bildungsausgaben dagegen im Bereich der tertiären Ausbildung.

Öffentliche und private Ausgaben nach Bildungsbereichen

	Öffentliche Quelle	Private Quelle
Deutschland		
Pre-primary education (for children 3 years and older)	63,1	36,9
Primary, secondary and post-secondary non-tertiary education	80,5	19,5
Tertiary education	91,8	8,2
Mittelwert der OECD-Länder		
Pre-primary education (for children 3 year and older)	82,7	17,3
Primary, secondary and post-secondary non-tertiary education	92,8	7,2
Tertiary education	78,8	21,4

Tabelle 4-1: Anteil der öffentlichen und der privaten Ausgaben an den Ausgaben für Bildungseinrichtungen 2000 in Prozent. Quelle: GfW, OECD Bildung auf einen Blick 2003, Tabelle B3.2

5. Ausgaben für Bildung und wirtschaftliches Wachstum

In vielen international vergleichenden Studien zu den Ursachen des Wirtschaftswachstums wird belegt, dass zwischen dem Bildungsniveau der Bevölkerung und dem Wirtschaftswachstum ein enger Zusammenhang besteht.

Positive Korrelation von Bildung und Wachstum

Beispielsweise weist Barro (2002) in einer Untersuchung der Ursachen für das Wachstum des BIP pro Kopf, in die rund 100 Länder und ein Entwicklungszeitraum von 1965 bis 1995 einbezogen sind, nach, dass neben anderen Einflussfaktoren das sekundäre und tertiäre Bildungsniveau (das alle Bildungsstufen oberhalb der Primarschule umfasst, einschließlich der Berufsausbildung und des Studiums) der erwachsenen (25 Jahre und älter) männlichen Bevölkerung einen positiven Beitrag zum Wirtschaftswachstum leistet.

Dabei sind einerseits die Dauer (Zahl der Jahre, die im Bildungssystem verbracht wurden) und andererseits die Qualität der Bildung von Bedeutung. Letztere hat dabei einen stärkeren positiven Einfluss auf das Wirtschaftswachstum als der Faktor „Dauer". Die Grundschulbildung leistet nach den Erkenntnissen von Barro keinen eigenständigen Beitrag zum Wirtschaftswachstum, sie ist aber Voraussetzung für die darauf aufbauenden sekundären und tertiären Bildungsgänge. Die besondere Bedeutung der sekundären und tertiären Bildung für das Wirtschaftswachstum sieht Barro darin, dass sie die Absorption neuer Technologien erleichtern.

Die Tatsache, dass das (sekundäre und tertiäre) Bildungsniveau der Frauen keinen positiven Beitrag zum Wirtschaftswachstum liefert, kommentiert Barro mit der Erläuterung, dass in vielen der in die Untersuchung einbezogenen Länder Frauen bei der Aufnahme von Erwerbstätigkeit diskriminiert werden und ihr hohes Qualifikationsniveau im Rahmen der formellen Wirtschaft nicht genutzt wird. Der Grad der primären Bildung von Frauen wirke allerdings deshalb indirekt positiv auf die Wachstumsrate der Pro-Kopf-Größe, weil er eine niedrigere Geburtenrate induziere.

Mangelnde Nutzung hochqualifizierter Frauen

Die anderen Bestimmungsgründe, die nach der Studie von Barro das Wirtschaftswachstum positiv beeinflussen, sind

Weitere Wachstumsfaktoren

- das wirtschaftliche Ausgangsniveau, das je nach Höhe einen negativen Einfluss auf das Wachstum hat, denn je höher das Wohlstandsniveau in einem Land bereits ist, desto schwerer fällt es dem Land, über den betrachteten Zeitraum hinweg die selben hohen Wachstumsraten zu erreichen wie Länder mit anfänglich niedrigerem Wohlstandsniveau;

- der Anteil des Staatsverbrauchs (ohne Ausgaben für Bildung und für Militär), der sich negativ auf das Wirtschaftswachstum auswirkt; in der Konsequenz ist davon auszugehen, dass Umschichtungen im Budget zugunsten der Bildung positive Wachstumseffekte nach sich ziehen;

- die Rechtssicherheit, die einen positiven Einfluss auf das Wachstum hat;

- die Offenheit für internationalen Handel, die ebenfalls einen positiven Einfluss nimmt; sie wird durch entsprechende qualitative Entscheidungen im Bildungssystem verstärkt;

- die Inflationsrate, die das Wachstum umso stärker dämpft, je höher sie ist;

- die Geburtenrate, die ebenfalls das Wachstum umso stärker dämpft, je höher sie ist (erklärt wird das BIP pro Kopf);

- die Investitionsquote, d. h. der Anteil am BIP, der nicht konsumiert, sondern investiert wird; sie wirkt positiv auf das Wachstum, was z. B. bei den Ganztagsschulen bedeutsam sein wird, die eine hohe Investitionsrate nach sich ziehen;

- die Terms of Trade, d. h. das Verhältnis zwischen Ausfuhr- und Einfuhrpreisen: Wenn erstere stärker steigen als letztere, hat dies positiven Einfluss auf das Wirtschaftswachstum.

Untersuchungen zu Auswirkungen von Bildung auf Wachstum

Vergleichbare Studien mit ähnlichen Ergebnissen sind von einer Reihe von Autoren durchgeführt worden. Dabei wurden gegenüber der oben ausführlicher dargestellten Untersuchung von Barro teilweise verbesserte Daten zum Bildungsstand der Bevölkerung verwendet, teilweise wurde die Untersuchung auf die OECD-Länder beschränkt, um die Unterschiedlichkeit der Verhältnisse in den einbezogenen Ländern zu vermindern. Die Ergebnisse zum Einfluss der Bildung auf das Wirtschaftswachstum sind nicht einstimmig, aber mehrheitlich positiv. In einem vorsichtigen Resümee fasst Temple (2001) den gegenwärtigen Stand der Forschung zusammen: „Over the last ten years, growth researchers have bounced from identifying quite dramatic effects of education [on growth], to calling into question the existence of any effect at all. More recent research is placed somewhere between these two extremes, but perhaps leaning closer to the original findings that education has a major impact."

In Zusammenhang mit der hier vorliegenden Fragestellung nach den Ausgaben für Bildung ist zu beachten, dass die meisten der erwähnten „growth-accounting"-Studien das Bildungsniveau physisch messen, zum Beispiel durch den Anteil der Personen mit einem bestimmten Bildungsgrad an der altersgleichen Bevölkerung, und nicht anhand der Bildungsausgaben. Eine der wenigen Ausnahmen, die Bildung durch die Ausgaben für Bildung misst, ist Judson (2002). Die Studie von Judson kommt dabei zu qualitativ ähnlichen Ergebnissen wie die oben bereits genannten Autoren. Mit den verschiedenen methodischen Ansätzen der Messung von Humankapital setzen sich Wößmann (2003) sowie Le, Gibson und Oxley (2003) auseinander.

Die ökonomischen Modelle, mit denen der Zusammenhang zwischen dem Bildungsniveau und dem Wirtschaftswachstum theoretisch modelliert wird, postulieren eine eindeutige Ursachen-Wirkungs-Relation zwischen einem Mehr an Bildung (Input) und einem Mehr an Wirtschaftswachstum (Output). Bei einer etwas allgemeineren Sicht bleibt es jedoch letztlich offen, ob die theoretisch postulierten und empirisch gemessenen Effekte von „Education on Growth" tatsächlich als Ursache-Wirkungs-Relation zu verstehen sind oder als Kovariation von voneinander wechselseitig abhängigen Größen (vgl. Schütt 2003).

Die Autoren des OECD-Berichtes „Bildung auf einen Blick" betrachten den Zusammenhang zwischen Wirtschaftswachstum und Bildungsausgaben von der anderen Seite und fragen, ob ein höheres BIP zu höheren Bildungsausgaben führt (S. 168ff.). Sie kommen zu dem Ergebnis, dass „erwartungsgemäß ein eindeutig positiver Zusammenhang zwischen den Bildungsausgaben pro Schüler/Studierenden einerseits und dem BIP andererseits besteht, der erkennen lässt, dass ärmere OECD-Länder tendenziell eher weniger pro Schüler/Studierenden ausgeben als reichere OECD-Länder. Obwohl generell ein positiver Zusammenhang [...] besteht, gibt es sowohl unter den reicheren als auch den ärmeren OECD-Ländern erhebliche Unterschiede bei den Bildungsausgaben pro Schüler/Studierenden." Auch „die Veränderungen in den Bildungsausgaben pro Schüler/Studierenden" korrelieren im Allgemeinen „mit den Veränderungen im BIP pro Kopf. In sechs von 21 OECD-Ländern, nämlich Australien, Griechenland, Japan, Polen,

Portugal und Spanien, stiegen zwischen 1995 und 1999 die Bildungsausgaben pro Schüler/Studierenden schneller als das BIP pro Kopf. Im
Gegensatz dazu nahmen zwischen 1995 und 1999 die Bildungsausgaben pro Schüler/Studierenden im Primar-, Sekundar- und postsekundären, nichttertiären Bereich in Deutschland, Italien, Norwegen,
Schweden und der Tschechischen Republik bei gleichzeitig steigendem
BIP pro Kopf ab."

Wirkung von
„Bildung neu
denken"

Bei Realisierung der Empfehlungen von **„Bildung neu denken! Das
Zukunftsprojekt"** wird schon daraus ein unbestreitbar positiver Einfluss auf das Wirtschaftswachstum entstehen, dass die Empfehlungen
auf eine Verfrühung des Eintritts in das Erwerbsleben bei gleich hohem
oder höherem Qualifikationsniveau hinwirken. Vor dem Hintergrund,
dass in den nächsten 20 bis 30 Jahren durch das Ausscheiden starker
Jahrgänge aus dem Erwerbsleben der Umfang der Erwerbsbevölkerung
zurückgeht und die heute bestehende Situation des Arbeitskräfte-
überschusses sich nach und nach in eine Situation des Arbeitskräfte-
mangels umkehrt, entlastet eine Verfrühung des Eintritts in das Erwerbsleben den dann angespannten Arbeitsmarkt, was wiederum die
Produktionsmöglichkeiten erhöht und damit ein höheres Wirtschaftswachstum erleichtert.

6. Methodik zur Berechnung der finanziellen Auswirkungen von „Bildung neu denken! Das Zukunftsprojekt"

Soweit die Empfehlungen von **„Bildung neu denken! Das Zukunftsprojekt"** sich in finanzieller Hinsicht auswirken, sind zwei Ursachen zu unterscheiden, denn die Empfehlungen können sowohl Einfluss auf die Bildungsdauer als auch auf die Bildungsbeteiligung nehmen. Beide Faktoren beeinflussen die Teilnehmerzahl in dem jeweiligen Bildungsabschnitt und damit die auf den jeweiligen Bildungsabschnitt entfallenden Ausgaben.

Zusammenhang von „Empfehlungen" und Bildungsausgaben

Der zweite Weg, auf dem die Empfehlungen finanzielle Auswirkungen haben können, besteht in veränderten Ausgaben pro Bildungsteilnehmer. Beispielsweise erhöhen eine verbesserte Ausstattung der Schulen mit IT-Infrastruktur, der Übergang zur Ganztagsschule und zusätzliche schulische Angebote in den Ferien die Ausgaben pro Schüler und damit die Ausgaben insgesamt.

Die Bildungsdauer wird durch die Empfehlungen von **„Bildung neu denken! Das Zukunftsprojekt"** insofern beeinflusst, als sich einzelne Bildungsabschnitte gegenüber dem heutigen Zustand zeitlich verlängern oder verkürzen. Das betrifft etwa die gegenüber dem heutigen Zustand um zwei Jahre verlängerte Primarschule oder die zukünftig empfohlene verkürzte Studiendauer.

Die Bildungsbeteiligung wird durch die Empfehlungen von **„Bildung neu denken! Das Zukunftsprojekt"** beeinflusst, wenn in einem Altersbereich nach Bildungsarten differenziert wird und sich die Anteile eines Jahrganges, die auf die einzelnen Bildungsarten entfallen, infolge der Empfehlungen verändern. Diese veränderte Bildungsbeteiligung hat Auswirkungen auf die Bildungsausgaben, wenn die Ausgaben pro Teilnehmer für die einzelnen Bildungsarten sich unterscheiden. Ein Beispiel für veränderte Bildungsbeteiligung bei Realisierung der Empfehlungen ist die stärkere Nutzung von vorschulischen Einrichtungen. Beziffert werden jeweils die Änderungen, die durch die Realisierung der Empfehlungen entstehen. Insofern will die Studie Zielvorstellungen auch quantitativ ausformulieren.

Es wird davon ausgegangen, dass etwa im Jahr 2020 alle Empfehlungen realisiert sein müssen. Im Jahr 2020 wird die Bildungsbevölkerung in Deutschland, das ist die Summe aller Personen, die an Bildungsprozessen teilnehmen, deutlich geringer sein als heute. Ursächlich dafür ist die demografische Entwicklung. Sie bewirkt, dass die Zahl der Kinder und Jugendlichen im Vergleich zum gegenwärtigen Zustand stark zurückgeht. Dabei müssen eventuelle Effekte unberücksichtigt bleiben, die sich aus einer nicht vorhersagbaren Zuwanderungspolitik

Der demografische Faktor

ergeben. Diese Effekte können erheblich sein, wenn durch einen Verzicht auf selektive Zuwanderung beispielsweise große Zahlen bildungsferner Migranten hinzukommen, für die hohe Ausbildungskosten entstünden.

Abbildung 6-1 veranschaulicht diese Entwicklung für die Altersgruppe der 5- bis 6-Jährigen. Deren Zahl wird nach den vorliegenden Bevölkerungsprognosen im Jahr 2020 bei 700.000 liegen und damit um rund 100.000 Personen geringer sein als heute. Das hat zur Folge, dass im Jahr 2020 aus demografischen Gründen die Bildungsausgaben tendenziell geringer sein werden als heute.

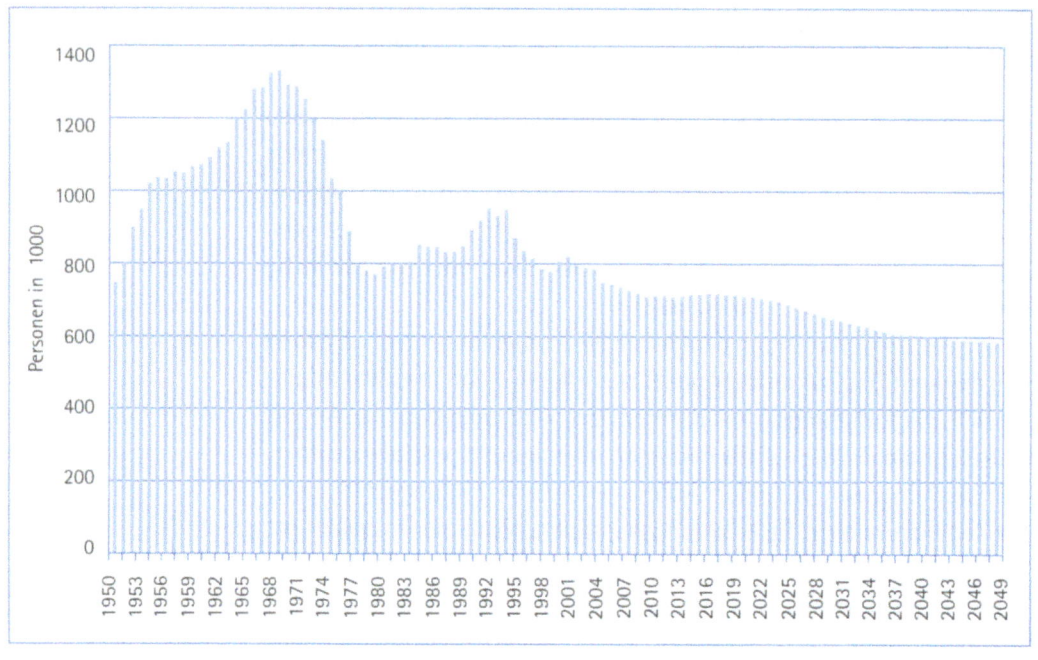

Abbildung 6-1: Bevölkerung im Alter von 5 bis unter 6 Jahre (Deutschland)

In den Berechnungen zu den Auswirkungen der Empfehlungen wird dieser demografische Effekt ausgeschaltet, indem sowohl für die Vergleichssituation, die die heutigen Verhältnisse repräsentiert, als auch für die Situation nach Realisierung der Empfehlungen im Hinblick auf die Teilnehmerzahlen von einer durchschnittlichen Jahrgangsstärke von 700.000 Personen ausgegangen wird. Die gegenwärtige Bildungsbevölkerung ist durch ungleichmäßig stark besetzte Jahrgänge und daraus entstehende Unregelmäßigkeiten in den Teilnehmerzahlen geprägt. Mit der gewählten Vorgehensweise werden diese Unregelmäßigkeiten, die die Vergleichbarkeit erschweren, eliminiert.

Einen Eindruck von den absehbaren Auswirkungen der demografischen Entwicklung auf die Ausgaben für Bildung gibt die folgende Abbildung. In ihr ist der Verlauf dargestellt, den – ausgehend vom Jahr 2002 – die Bildungsausgaben nehmen werden, wenn bei der Berechnung der künftigen Bildungsausgaben nur die gemäß Bevölkerungsprognosen absehbare Veränderung der Zahl der Personen im Bildungsalter (von 1 bis 30) berücksichtigt wird, während die Bildungsbeteiligung (Anteil eines Jahrgangs, der den entsprechenden Bildungsgang besucht) und die Kosten pro Teilnehmer in dem entsprechenden Bildungsgang gleich gehalten werden.

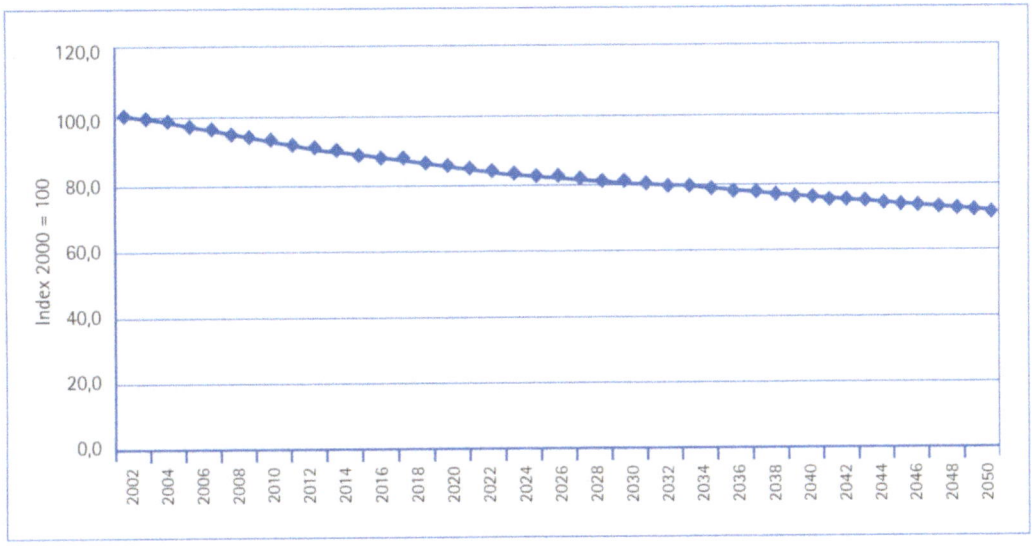

Abbildung 6-2: Demografisch bestimmte Entwicklung der öffentlichen Bildungsausgaben in Deutschland (ohne Berücksichtigung von Veränderungen der Bildungsbeteiligung) in Preisen (Ausgaben pro Schüler/Studierenden) von 2000

Tatsächlich werden bei sukzessiver Realisierung der Empfehlungen von „Bildung neu denken! Das Zukunftsprojekt" in Abhängigkeit von dem Zeitpfad der Umsetzung die Teilnehmerzahlen alleine schon wegen der im Zeitablauf unterschiedlichen Jahrgangsstärken anders ausfallen als hier vereinfachend unterstellt wird. Es handelt sich bei den vorliegenden Kalkulationen also um eine Modellrechnung und nicht um ein exaktes Übergangsszenario.

Finanzierungskonzept als Modellrechnung

Angaben zu den Ausgaben pro Bildungsteilnehmer beziehen sich auf die heutigen Verhältnisse. Je nach Aktualität der vorliegenden Statistiken handelt es sich um Angaben aus dem Zeitraum von 2000 bis 2002. Zur Darstellung der Vergleichssituation werden die heutigen Ausgaben pro Teilnehmer auf das Jahr 2020 übertragen. Tatsächlich werden die Ausgaben pro Teilnehmer im Jahr 2020 alleine schon wegen der allgemeinen Geldentwertung nominell höher sein als gegenwärtig. Die Verwendung heutiger Ausgaben pro Teilnehmer für das Jahr 2020 entspricht dem ökonomischen Konzept der Rechnung in konstanten Preisen, bei der die Auswirkungen reiner Preissteigerungen auf die Ausgaben ausgeschaltet werden.

Unterschiede in den Ausgaben pro Teilnehmer zwischen den verschiedenen Bildungsgängen und -zügen ergeben sich im wesentlichen aus Unterschieden in der Unterrichtsdauer, in der durchschnittlichen Lerngruppengröße und im zahlenmäßigen Verhältnis zwischen Teilnehmern und Unterrichtenden, in der Zusammensetzung des Unterrichtspersonals nach Qualifikations- und Einkommensstufen sowie in den Unterrichtsmaterialien und Ausstattungen.

Die Informationen über die Aufteilung der Ausgaben auf die finanzierenden Bereiche werden dem oben beschriebenen Bildungsbudget entnommen. Sie entsprechen, sofern nicht anders benannt, den Verhältnissen von 2000/2001.

Die Aufwendungen für den Lebensunterhalt der Teilnehmer als Bildungsausgaben werden wie folgt behandelt: Bei nicht erwachsenen Teilnehmern wird davon ausgegangen, dass ihr Lebensunterhalt von Eltern bzw. Erziehungsberechtigten getragen wird; entsprechend ist dieser Lebensunterhalt in den Bildungsausgaben nicht enthalten. Insofern entsteht bei einer Verkürzung der primären Bildungszeit eine Entlastung für die öffentlichen Haushalte, während die Belastung der privaten Haushalte dadurch nicht verändert wird. Der Lebensunterhalt ist Gegenstand des Familienleistungsausgleichs (Kindergeld, Grundfreibetrag bei der Einkommensteuer). Bei erwachsenen Teilnehmern steht der Selbstunterhalt an erster Stelle, subsidiär gefolgt von den Unterhaltspflichten der Verwandten in gerader Linie (Eltern), nachrangig durch die staatliche Grundsicherung bzw. Förderung von Bildungsteilnehmern.

7. Empfehlungen von „Bildung neu denken! Das Zukunftsprojekt" ohne finanzielle Auswirkungen

Viele wichtige Empfehlungen von **„Bildung neu denken! Das Zukunfts-projekt"** haben keine unmittelbaren finanziellen Auswirkungen. Dennoch sollen Sie an dieser Stelle kurz benannt werden, nicht nur um den Anschluss an **„Bildung neu denken! Das Zukunftsprojekt"** zu gewährleisten, sondern in erster Linie auch, um den nach wie vor häufig benutzten Einwand, grundlegende Reformen im Bildungswesen seien nicht finanzierbar, zu entkräften. Seien es notwendige nationale Standardisierungen im Schul- und Hochschulbereich, Reformen bei den Unterrichtsinhalten oder Vereinfachungen im Ausbildungssektor, was etwa die starren Ausbildungsverordnungen anbelangt: es bieten sich zahllose Möglichkeiten, das Bildungswesen qualitativ zu reformieren, ohne dass dafür große finanzielle Aufwendungen notwendig wären. Im Anschluss an **„Bildung neu denken! Das Zukunftsprojekt"** seien hier einige Themenblöcke benannt:

Kostenneutrale
Empfehlungen
von „Bildung neu
denken"

1. Standardisierungen auf Bundesebene

Empfehlungen zu
Standardisierungen

- Ein unterschiedlicher Leistungsstand der Schüler in den einzelnen Bundesländern bedeutet ungleiche Berufs- und Lebenschancen für die Kinder und einen wirtschaftlichen Nachteil für einzelne Regionen oder Länder. Ein Bundesausbildungsrahmengesetz muss deshalb die Vereinbarung von länderübergreifenden nationalen Minimalstandards für die schulischen Curricula regeln.

- Der EU-Prozess im Bildungswesen macht ein klareres Bundesmandat für Verhandlungen mit den anderen EU-Staaten erforderlich, denn 16 deutsche Bundesländer können kaum erfolgreich mit der EU im Sinne deutscher Interessen kommunizieren.

- Für den schulischen Unterricht sind statt Rahmenregelungen auf einem zwischen den Bundesländern besser koordinierten Verordnungswege Inhalte mit hoher Verbindlichkeit festzulegen, die wiederum einer ständigen Revision in höchstens fünfjährigen Abständen zu unterziehen sind. Dazu gehören auch die kontinuierliche Leistungsüberprüfung deutscher Schüler mit standardisierten Aufgaben und die Veröffentlichung der Institutionen-Ergebnisse.

- Notwendig ist eine landesgesetzliche Regelung über minimale Professionsstandards im Vorschulbereich, z. B. über ein Qualitätssiegel.

- Eine bundeseinheitliche Regelung für die Gestaltung der Übergänge Primarschule – Gymnasium/Sekundarschule – Sekundarstufe II ist zu treffen.
- Für die Entscheidung über Verläufe von Lernbiografien sind Regelungen einzuführen: stärkere Entscheidungsrechte der jeweils aufnehmenden Schulen, Elternveto mit der Ermöglichung einer zeitlich begrenzten probeweisen Aufnahme.
- Ein europäisch orientiertes Beurteilungssystem (Credits) im Sekundarbereich I ist bundesländerübergreifend einzuführen.

Empfehlungen im Bereich Schule / Ausbildung / Hochschule

2. Schule / Ausbildung / Hochschule

- Die Lehrpläne von Berufsschulen und Berufsfeldschulen sind durch modularisierte Ausbildungsgänge bzw. durch einzelne Modulangebote zu ersetzen. Qualitätskontrolle findet in den Akkreditierungsagenturen statt.
- Das Curriculum der gymnasialen Oberstufe ist neu zu organisieren. Die Verantwortung für den Erlass von Lehrplänen für die obligatorischen studienorientierenden Lerninhalte liegt bei der staatlichen Fachaufsicht. Die Verantwortung für die profilbildenden wissenschaftsgruppenspezifischen Anteile liegt bei den Schulen. Eine Fachaufsicht findet durch regelmäßige Schulevaluationen statt.
- Über die Gestaltung von Studiengängen entscheiden Hochschulen in eigener Verantwortung. Sie sind verpflichtet, ihre Studiengänge akkreditieren und in regelmäßigen Abständen evaluieren zu lassen.
- Geltende Schulpflichtregelung wird ersetzt durch eine Ausbildungsverpflichtung für alle Jugendlichen im Umfang von drei Jahren nach dem Abschluss der zehnjährigen Allgemeinbildungsphase.
- Tägliche Schulzeit im Berufsbildungssystem wird ausgedehnt durch Gesetzgebung auf Länder- und Bundesebene.
- Curriculare Konzeptionierung von Lehrplänen und Studienordnungen erfolgt nach dem Prinzip von „World globe" und dem European Credit Transfer System (ECTS) zur Bewertung der Lernzeit als Arbeitszeit und zur realistischen Einschätzung des Zeitbedarfs.
- Eine KMK-Vereinbarung über ein standardisiertes Leistungspunktesystem für die Sekundarstufe II sowie über die Modularisierung der Ausbildung in der Sekundarstufe II ist zu erwirken.

- Das System der Ausbildungsverordnungen ist zu vereinfachen durch bundeseinheitliche Regelung von Berufsfelddefinitionen und regionale Regelung konkreter betrieblicher Berufsausbildungen.

3. Professionalisierung des Lehrpersonals

Empfehlungen zur Professionalisierung des Lehrpersonals

- Veränderung der Ausbildungsinhalte von Lehrern durch eine erheblich stärkere Aufnahme von berufsqualifizierenden Inhalten (Psychologie, Pädagogik, Fachdidaktik usw.);
- Modularisierte Ausbildungsgänge für alle pädagogischen Berufe mit der Möglichkeit des (Nach-)Studiums bestimmter Module für erweiterte Funktionen im Schulbereich, z. B. Schulmanagement, Diagnostik u. a.;
- Erleichterung der Beschäftigung von ausländischen Lehrern in bilingualen Schulen ggf. durch Quotierung;
- Professionalität sichernde Maßnahmen in der Lehrerausbildung: Definition von Eingangsvoraussetzungen, Integration von berufspraktischen Phasen in die Ausbildung, erhebliche Ausweitung erziehungswissenschaftlich-psychologisch-didaktischer Ausbildungsanteile;
- Abschaffung des Staatsexamens als Voraussetzung für die Aufnahme in den Schuldienst;
- Schaffung eines Hochschullehrer-Lehramts in Analogie zum Fachhochschullehrerstatus für die Ausbildung in Bachelor-Studiengängen;
- Formulierung von Standards für die Zulassung zu Berufen im öffentlichen Dienst, z. B. durch die Definition obligatorisch studierter Module.

4. Weiterbildung

Empfehlungen im Bereich Weiterbildung

- Verkürzte Fristigkeiten für die Meisterprüfung in der Handwerksordnung;
- Abschaffung von Regelstudienzeiten in der Hochschulgesetzgebung;
- Erhöhung der Durchlässigkeit für den Besuch von Meisterkursen und MA-Studiengängen;
- Einführung einer grundsätzlichen Erwerbstätigkeitspflicht für beide Geschlechter – unterbrechbar, aber nicht ersetzbar durch Familientätigkeit zur Deckung des Arbeitskräftebedarfs;

- Entbürokratisierung der Rekrutierungsregeln für Hochschulpersonal mit dem Ziel der Gleichstellung von Wissenschaft und Berufsexperten;
- Grundsätzliche Befristung aller Beschäftigungsverhältnisse von Wissenschaftlern und Berufsexperten in Einrichtungen des dritten Bildungsbereichs auf 5 bis 10 Jahre und Bindung der Weiterbeschäftigung an ein erfolgreiches Evaluierungsergebnis sowie Nachweis von absolvierten Weiterbildungsmaßnahmen;
- Schaffung der gesetzlichen Voraussetzungen für die Aufnahme einer Weiterbildungspflicht in Arbeitsverträge und arbeitsrechtliche Regelungen;
- Schaffung der gesetzlichen Voraussetzungen für eine konsequente Regionalisierung von Weiterbildungsregelungen statt bundeseinheitlicher Regelungen, z. B. im BetrVerfG;
- Gesetzliche Verpflichtung öffentlicher Einrichtungen des primären bis tertiären Sektors auf die Wahrnehmung von Weiterbildungsangeboten;
- Aufrechterhaltung von öffentlichen Zuwendungen für Einrichtungen der allgemeinen Weiterbildung wie Bibliotheken, Museen usw. ist an die Einbindung in regionale Weiterbildungszentren zu koppeln;
- Auflage von Forschungs- und Entwicklungsprogrammen für den Weiterbildungsbereich durch das politische System zum Ausgleich der großen Informationsdefizite sowie als Voraussetzung für jede Unterrichtsoptimierung im Erwachsenenalter;
- Abschaffung von Zugangsbarrieren für ältere Menschen zum Erwerb nachgeholter Abschlüsse;
- Verankerung biografischen Lernens im primären und sekundären Bereich;
- Flexibilisierung der Altersgrenze ohne Einschränkungen.

Abschließend sei am Beispiel der Empfehlungen bezüglich des (Schul-)Lehrpersonals gezeigt, wie durch Umschichtungen und Umwidmungen eine kostenneutrale Umsetzung von Empfehlungen aus „Bildung neu denken! Das Zukunftsprojekt" möglich sein kann.

In Bezug auf die Bezahlung des Unterrichtspersonals sind insbesondere die folgenden Empfehlungen als kostenneutral zu betrachten:

Kostenneutrales Beispielfeld „Bezahlung des Lehrpersonals"

- Wegfall des Referendariats und der zweiten Staatsprüfung, stattdessen voll berufsqualifizierender Studienabschluss;

- Wegfall des Beamtenverhältnisses bei Lehrern; grundsätzlich befristete Beschäftigung von angestellten Lehrern;

- Leistungsgerechte Bezahlung des Lehrpersonals.

Mit dem Wegfall des Referendariats und dem unmittelbar berufsqualifizierenden Studienabschluss sind die folgenden finanziellen Auswirkungen verbunden: Die heutigen Referendare erhalten während des Referendariats, das je nach Land zwischen 18 und 24 Monate dauert, „Anwärterbezüge", die rund 40 % der Besoldung im anschließenden „Eingangsamt" betragen. Beispielsweise belaufen sich die Anwärterbezüge bei einem zu erwartenden Eingangsamt A13 gegenwärtig auf rund 1000 €. Bei einem Wegfall der zweiten Staatsprüfung und einem voll berufsqualifizierenden Studienabschluss ist davon auszugehen, dass die Entlohnung von Lehrern in den ersten beiden Jahren ihrer Berufstätigkeit einerseits über dem heutigen Niveau der Referendariatsentlohnung, andererseits aber unter dem Niveau der heutigen Entlohnung nach dem Referendariat (beim so genannten „Eingangsamt") liegen wird. Da die Lehrer damit nach dem Studienabschluss zwar etwas besser entlohnt, andererseits in stärkerem Maße im Unterricht einsetzbar sind, ist davon auszugehen, dass die beiden Effekte sich gegenseitig aufheben und somit keine Auswirkungen auf die Ausgaben pro Teilnehmer haben.

Indem die Bezahlung des Lehrpersonals unter den gegenwärtig bestehenden Bedingungen stark vom Alter der betreffenden Person abhängt, hat eine Veränderung des Durchschnittsalters tendenziell starke Auswirkungen auf die Ausgaben. Auch der mit dem Wegfall des Referendariats einhergehende Effekt der „Verjüngung" des Unterrichtspersonals, der für sich genommen die Ausgaben reduzieren würde, hat annahmegemäß keine finanziellen Auswirkungen, denn es ist davon auszugehen, dass dem ein anderer Effekt entgegen wirkt. Die veränderten Unterrichtsbedingungen werden den gegenwärtig weit verbreiteten „burn-out" und den damit einhergehenden krankheitsbedingten vorzeitigen Übergang in den Ruhestand bei Lehrern reduzieren, was das Durchschnittsalter des Unterrichtspersonals tendenziell anhebt.

Die grundsätzlich befristete Beschäftigung von Lehrern ermöglicht verstärkt am Bedarf orientierte Teilzeitanstellungen. Hierdurch sind einerseits Einspareffekte wahrscheinlich. Andererseits kann die erhöhte Flexibilität dazu genutzt werden, den gegenwärtig bestehenden Unterrichtsausfall auf Grund von Engpässen beim Unterrichtspersonal zu verringern. Es ist davon auszugehen, dass die beiden Effekte sich ausgleichen und die Ausgaben pro Teilnehmer unberührt bleiben.

Eine verstärkt leistungsorientierte Bezahlung von Lehrern führt zu einer stärkeren inneren Differenzierung der Bezahlung des Unterrichtspersonals, hat aber auf den Durchschnitt der Bezahlung keinen Einfluss und lässt die Ausgaben pro Teilnehmer ebenfalls unberührt. Es ist allerdings zu erwarten, dass die Grundbesoldung der Lehrer wie die der Hochschullehrer durch die Dienstrechtsreform von 2003 abgesenkt wird, zumal die Lehrerbesoldung im internationalen Vergleich die höchste der Welt ist.

Die zuletzt genannten Empfehlungen aus **„Bildung neu denken! Das Zukunftsprojekt"** zeigen beispielhaft, dass Veränderungen im Bildungssystem von erheblichem Ausmaß durchaus möglich sind, ohne hohe finanzielle Aufwendungen tätigen zu müssen. Diese Empfehlungen sind entweder nicht oder nur mit marginalen Kosten verbunden oder verhalten sich insofern kostenneutral, als sie nur durch eine neu definierte Verwendung vorhandener Ressourcen realisiert werden können. Wie gezeigt wurde, handelt es sich dabei insbesondere um Empfehlungen zu den Bildungszielen und den Bildungsinhalten sowie um Empfehlungen zur Professionalisierung des Unterrichtspersonals, bei denen durch Umschichtungen und Umwidmungen eine kostenneutrale Umsetzung der Empfehlungen möglich ist.

8. Finanzielle Auswirkungen von „Bildung neu denken! Das Zukunftsprojekt" nach Bildungsphasen

8.1. Kindesalter

8.1.0. Das Kindesalter nach „Bildung neu denken! Das Zukunfts-projekt"

Die Lebensphase der Kindheit ist mit den beiden Zeitfenstern „frühe Kindheit" und „Pubertät" die wichtigste Lernphase. Für diese Lernphase müssen reichhaltige Lernangebote vorgehalten sowie Trainingsmöglichkeiten und Anreize geschaffen werden.

In der Lernphase Kindesalter sind folgende Qualifikationen zu er-werben:

Lerninhalte
im Kindesalter

- Basiskompetenzen (v. a. in den Schuljahren 1 bis 6):
  - Beherrschung der Verkehrssprache,
  - mathematische Modellierungsfähigkeit,
  - fremdsprachliche Kompetenz,
  - IT-Kompetenz,
  - Fähigkeit zur Selbstregulation des Wissenserwerbs,
  - motorische Koordinationsfähigkeit.

- Weltwissen (verstärkt in den Schuljahren 7 bis 10):
  - Natur und Technik (Wissen aus den Ingenieurwissenschaften, Biowissenschaften, Materialwissenschaften, Kognitionswissen-schaften),
  - Kunst und Kultur (Wissen aus Philosophie und Theologie, aus den Literaturwissenschaften, Kunstwissenschaften, Performanz-wissenschaften wie Musik, Tanz, Film, Theater, Sport),
  - Wirtschaft und Gesellschaft (Wissen aus den Wirt-schaftswissenschaften, Rechts- und Staatswissenschaften).

- Personale Schlüsselqualifikationen:
  Sozial:
  - Soziale Kompetenz/Kommunikationsfähigkeit,
  - Verantwortungsbereitschaft,
  - Nachhaltigkeitsbereitschaft als schonender Umgang mit Res-sourcen,
  - Durchsetzungsbereitschaft,
  - Kompromissfähigkeit.

Emotional:
- Selbstverwirklichungsmotiv,
- Leistungsmotiv,
- Selbstwirksamkeitserwartung,
- Unabhängigkeitsstreben.

Affektiv:
- Stressresistenz,
- Ungewissheitstoleranz,
- Emotionale Stabilität,
- Optimismus.

Kognitiv:
- Unkonventionalität/Kreativität,
- Problemlöseorientierung,
- Risikobereitschaft,
- Selbstorganisationsfähigkeit.

Kompetenzen, Wissen und Qualifikationen müssen in einem nationalen Bildungskonzept und einem Curriculum (Lehrplan) länderübergreifend standardisiert werden.

Das Leitbild des jungen Lerners

In der Lebens- und Lernphase „Kindesalter" folgen die Empfehlungen von **„Bildung neu denken! Das Zukunftsprojekt"** für die Persönlichkeitsentwicklung im 21. Jahrhundert einem Leitbild des weltoffenen Bürgers, dessen Lernen im Zeichen der personalen Ganzheit steht. Er hat trotz der Veränderungen im Weltmaßstab eine unverwechselbare Individualität herausgebildet. Zu ihr gehören seine Bindungen an die Region, in der er lebt und arbeitet, an seine Kooperationspartner und an seine Familie oder privaten Beziehungen, die ihm emotionale Sicherheit gewähren. Der weltoffene Lerner ist bei aller Neugier gegenüber Veränderungen bereit zur Anerkennung von Verbindlichkeiten des Wissens, der Werte und der Erfahrungen Dritter. Seine Stärke für die Behauptung auf dem globalen Arbeitsmarkt wie im veränderungsreichen Leben bezieht er aus der Balance zwischen Verbindlichkeit und Verpflichtung auf der einen und Offenheit und Toleranz auf der anderen Seite. Die Inhalte der Schule für die bis zu 14-Jährigen müssen dieses Leitbild stärken und entwickeln.

8.1.1. Finanzielle Auswirkungen der Empfehlungen im Bereich der Primarschule (vormals Kindergarten /-tagesstätte / Vorschule)

Für den Vorschulbereich existiert bislang kein anspruchsvoller Bildungsauftrag. Der Besuch von Kinderkrippen, Kindergärten und Vorschulen ist nicht obligatorisch. Inhaltlich beschränken sich diese Einrichtungen zumeist auf die Vermittlung von äußerst elementaren Sachverhalten, es steht der familienersetzende oder -ergänzende Auftrag im Vordergrund. Die Empfehlungen des Deutschen Bildungsrates von 1973 zu einem Bildungsauftrag des Kindergartens wurden ebenso wenig umgesetzt wie spätere Vorschläge für eine Kompensation sozialer Benachteiligungen von Kindern aus unterprivilegierten Schichten. Deutschland hat, so ist zu konstatieren, gegenüber Ländern mit einer ausgeprägten frühpädagogischen Kultur wie beispielsweise den Niederlanden darauf verzichtet, das äußerst wichtige erste Lernfenster zu nutzen, in dem es darauf ankommt, kognitive, motorische, affektive und soziale Fähigkeiten herauszubilden.

Die Empfehlungen von **„Bildung neu denken! Das Zukunftsprojekt"** sprechen sich im Einzelnen dafür aus, dass

- im Alter von Null bis Vier Jahren die Nutzung familienersetzender oder -ergänzender Einrichtungen (Krippen, Kindergärten) weiterhin fakultativ ist;

- ein bedarfsdeckendes, kostenfreies Angebot an arbeitsplatznahen Tageseinrichtungen für die pädagogische Betreuung von Kindern im Alter von Null bis unter Vier gesichert wird;

- die pädagogische Betreuung der Kinder in vorschulischen Einrichtungen qualitativ verbessert wird;

- grundsätzlich bereits für Kinder ab dem vollendeten vierten Lebensjahr öffentlicher, allgemein bildender Unterricht angeboten wird, wobei die Einschulung von dem Ergebnis einer Anamnese der individuellen Lernvoraussetzungen abhängig gemacht wird,

- Bildungseinrichtungen, also auch die vorschulischen Einrichtungen, generell alle fünf Jahre evaluiert und zertifiziert werden.

Empfehlungen für den Vorschulbereich

Effekte der
möglichen früheren
Einschulung

Gegenüber dem heutigen Zustand wird sich die Beteiligung an vorschulischen Einrichtungen durch die Empfehlung zur Sicherung eines kostenfreien, bedarfsdeckenden, arbeitsplatznahen Angebotes tendenziell erhöhen, während die Empfehlung der Einführung der Schulpflicht ab dem vollendeten vierten Lebensjahr die entsprechenden Altersjahrgänge der Primarschule zuweist, was zur Folge hat, dass die Beteiligung an vorschulischen Einrichtungen zurückgeht. Darüber hinaus wird die gegenwärtig zum Aufgabenbereich der vorschulischen Einrichtungen gehörende Betreuung von Schulkindern, der Hortbereich, durch die Einführung der Ganztagsschule und die Schaffung ergänzender Betreuungsmöglichkeiten an den Schulen in den Schulbereich überführt.

Im Hinblick auf die Kosten besteht der wesentliche Unterschied gegenüber dem heutigen Zustand darin, dass die vorschulischen Einrichtungen für die Teilnehmer beziehungsweise ihre Eltern kostenfrei sein sollen. Mit dieser Empfehlung wird eine Verlagerung der Kosten von den Eltern auf andere Kostenträger angesprochen; die Kosten pro Kind werden davon nicht berührt. Die qualitative Verbesserung der pädagogischen Betreuung wird sich dagegen tendenziell in höheren Kosten pro Kind auswirken.

Für die Vorausschätzung der künftigen Beteiligung an vorschulischen Einrichtungen sind zwei Informationen wichtig. Zum einen ist abzuschätzen, wie hoch der Bedarf an Plätzen bei einem kostenlosen, arbeitsplatznahen Angebot sein wird. Zum anderen sind Vorstellungen darüber zu entwickeln, wie der Übergang von den vorschulischen Einrichtungen zur Primarschule sich ausgestaltet.

Verschiebungen
zwischen Krippe,
Kindergarten, Hort
und Schule

Angaben zum Bedarf an Krippenplätzen (Kinder unter drei Jahren) sind einem Gutachten des DIW (Spieß 2001) zu entnehmen, das sich seinerseits auf die Schätzungen einer Expertenkommission beim Bundesfamilienministerium stützt. Dort werden 20% eines Altersjahrganges als bedarfsgerechter Versorgungsgrad angesehen. Für den Kindergartenbereich (Kinder über drei Jahren) wird angenommen, dass für 95% der Kinder der Rechtsanspruch auf einen Kindergartenplatz geltend gemacht wird. Der in dem Gutachten des DIW ebenfalls behandelte Hortbereich (Kinder über sechs Jahren) zählt im hier vorliegenden Zusammenhang nicht zum vorschulischen, sondern zum schulischen Bereich (Stichwort Ganztagsschule). Der Übergang vom vorschulischen zum schulischen Bereich wird sich entsprechend den Empfehlungen von **„Bildung neu denken! Das Zukunftsprojekt"** etwa so vollziehen, dass 70% der Vierjährigen, 90% der Fünfjährigen und 100% der Sechsjährigen die Primarschule besuchen und nicht die vorschulischen Einrichtungen. Für die Altersjahrgänge bis zum vollendeten siebenten Lebensjahr ergeben sich zusammenfassend die in Tabelle 8.1-1 dargestellten Beteiligungsquoten.

Alter	Familie	Krippe	Kindergarten halbtags	Kindergarten ganztags	Hort	Grundschule
heutige Beteiligungsquoten						
0 bis unter 1	90	10				
1 bis unter 2	90	10				
2 bis unter 3	90	10				
3 bis unter 4	44		40	16		
4 bis unter 5	14		61	25		
5 bis unter 6	17		59	24		
6 bis unter 7	16		26	11	8	47
7 bis unter 8	0				16	100
8 bis unter 9	0				16	100
9 bis unter 10	0				16	100
Beteiligungsquoten bei bedarfsgerechtem Ausbau						
0 bis unter 1	80	20				
1 bis unter 2	80	20				
2 bis unter 3	80	20				
3 bis unter 4	5		55	40		
4 bis unter 5			18	12		70
5 bis unter 6			6	4		90
6 bis unter 7						100
7 bis unter 8						100
8 bis unter 9						100
9 bis unter 10						100

Tabelle 8.1-1: Beteiligungsquoten im Vorschulbereich unter heutigen Bedingungen laut Gutachten des DIW (oberer Tabellenblock) und nach den Empfehlungen von „Bildung neu denken! Das Zukunftsprojekt" (unterer Tabellenblock), Angaben in %

Bei durchschnittlich 700.000 Kindern pro Jahrgang ergibt sich bei bedarfsgerechtem Ausbau bei den Krippen ein Bedarf an 420.000 Plätzen sowie bei den Kindergärten an 553.000 Halbtagsplätzen und 392.000 Ganztagsplätzen, zusammen 945.000 Kindergartenplätzen. Der Hortbereich entfällt. Mit der verstärkten Teilnahme an vorschulischen Einrichtungen vermindert sich die Zahl der Kinder, die nur von der Familie betreut werden, um gut 800.000 Personen.

Familie	Krippe	Kindergarten halbtags	Kindergarten ganztags	Hort	Primarschule und SEK 1	Zusammen (Doppelzählung Hort in Zeile 1)
Teilnehmerzahlen bei heutigen Beteiligungsquoten						
2.527.000	210.000	1.302.000	532.000	392.000	2.429.000	7.392.000
Teilnehmerzahlen bei bedarfsgerechtem Ausbau						
1.715.000	420.000	553.000	392.000	0	3.920.000	7.000.000
Differenz Teilnehmerzahlen						
-812.000	210.000	-749.000	-140.000	-392.000	1.491.000	-392.000
Ausgaben pro Teilnehmer gegenwärtig (in Euro)						
0	5.055	2.527	3.791	2.527	s. Kap. 8.1.2	
Ausgaben pro Teilnehmer neu						
0	6.824	3.411	5.118	entfällt	s. Kap. 8.1.2	
Differenz Ausgaben pro Teilnehmer						
	1.769	884	1.327			
Ausgabenänderung durch Differenz Teilnehmerzahlen und gegenwärtigen Ausgaben pro Teilnehmer (in Mio. Euro)						
	1.062	-1.893	-531	-991		-2.352
Ausgabenänderung durch veränderte Ausgaben pro Teilnehmer bei neuen Teilnehmerzahlen (in Mio. Euro)						
	743	489	520			1.752
Ausgabenänderung zusammen						
	1.805	-1.404	-11	-991		-600

Tabelle 8.1-2:
Ausgabenänderungen durch Änderung der Beteiligungsquoten und
durch Änderung der Ausgaben pro Teilnehmer

Infolge der veränderten Beteiligungsquoten resultiert bei gleicher Jahrgangsstärke im Vergleich zu den heutigen Beteiligungsquoten bei den Krippen ein Mehrbedarf von 210.000 Plätzen, während im Kindergartenbereich ein Minderbedarf von zusammen 749.000 Halbtages- und 140.000 Ganztagesplätzen entsteht.

Veränderung der Ausgaben in Krippen und Kindergärten

Die heutigen Kosten pro Platz belaufen sich nach den Angaben des DIW für den Krippenbereich auf jährlich 5.055 Euro, für den Halbtages-Kindergarten auf 2.527 Euro, für den Ganztages-Kindergarten auf 3.791 Euro. Dabei handelt es sich um die Bruttokosten und nicht um die Beiträge der Eltern zu den Kosten, die weiter unten gesondert zu behandeln sind. Wenn die Empfehlung realisiert wird, dass die pädagogische Betreuung der Kinder in vorschulischen Einrichtungen sich qualitativ verbessert, dann wird das die Kosten pro Platz erhöhen. Die Ausbildung der Erzieher, die Aufgaben im Vorschulbereich wahrnehmen, soll den Empfehlungen zufolge grundsätzlich akademisch sein. Es wird dafür ein Faktor von 1,35 angesetzt, was etwa der Relation zwischen der Grundvergütung nach BAT VIa (für den heutigen Zustand) und der Grundvergütung nach BAT IVb (dem künftigen Zustand) entspricht. Die Kosten pro Platz belaufen sich dann im Krippenbereich auf 6.824 Euro, für den Halbtages-Kindergarten auf 3.411 Euro sowie für den Ganztageskindergarten auf 5.118 Euro.

Mit heutigen Ausgaben pro Teilnehmer gerechnet, hat die Veränderung der Teilnehmerzahlen im Bereich der vorschulischen Einrichtungen für sich genommen eine Verminderung der Ausgaben um 2.352 Mio. Euro zur Folge. Andererseits resultieren aus den erhöhten Ausgaben pro Teilnehmer erhöhte Ausgaben von 1.752 Mio. Euro, so dass für den Bereich der vorschulischen Erziehung die Ausgaben sich per Saldo zunächst um 600 Mio. Euro reduzieren.

Einsparungen um 600 Mio. € für vorschulische Erziehung durch Verringerung der Teilnehmerzahl

Ferner ist allerdings zu berücksichtigen, dass empfohlen wird, den Besuch vorschulischer Einrichtungen für die Teilnehmer beziehungsweise deren Eltern kostenlos zu gestalten. Das hat eine Umverteilung des Anteils der Bruttokosten, der bisher von den Eltern getragen wird, auf andere Kostenträger zur Folge. Von den Bruttoaufwendungen für vorschulische Einrichtungen werden gegenwärtig durchschnittlich 86,7% von den Gebietskörperschaften getragen, 13,3% von anderen Kostenträgern. Von den 13,3% entfallen wiederum 76% auf Elternbeiträge und 24% auf Zuschüsse anderer Träger. Zusammen genommen belaufen die Elternbeiträge sich auf durchschnittlich rund 10% der Bruttoaufwendungen. Bei künftigen Bruttoaufwendungen in Höhe von 6.759 Mio. Euro pro Jahr werden demnach 10% oder 676 Mio. Euro von den Privaten Haushalten auf die Gebietskörperschaften verlagert.

Für eine regelmäßige Evaluation und Zertifizierung der Kindergärten ist mit Ausgaben in Höhe von 20 Euro pro Teilnehmer und Jahr zu rechnen. Wenn die Evaluationen alle fünf Jahre durchgeführt werden, entstehen bei einer mittelgroßen Einrichtung mit 100 Kindern pro Evaluation Ausgaben in Höhe von 10.000 Euro. Für den gesamten vorschulischen Bereich betragen bei 1.365.000 Teilnehmern die Ausgaben für Evaluation 27 Mio. Euro pro Jahr.

Ausgaben für regelmäßige Evaluation: 27 Mio. € pro Jahr

Verminderte
Ausgaben im
Vorschulbereich von
573 Mio. €

Zusammengefasst ergeben sich für den Bereich der vorschulischen Erziehung die folgenden finanziellen Auswirkungen: Die Ausgaben vermindern sich um 573 Mio. Euro, und es werden 676 Mio. Euro von den privaten Haushalten auf die anderen Kostenträger verlagert. Unter der Annahme, dass zwischen den Ländern und den Gemeinden die bisherigen Ausgabenproportionen erhalten bleiben, erhöhen sich die Ausgaben der Länder um 122 Mio. Euro und die der Gemeinden um 192 Mio. Euro, während die privaten Haushalte insgesamt um 887 Mio. Euro entlastet werden.

Änderung/ Empfehlung	Bund	Länder	Gemeinden	Unternehmen	Private Haushalte	Sozialversicherungen	Gesamt
Vorschulischer Bereich	0	122	192	0	-887	0	-573
Bildungsbeteiligung		-578	-908		-867		-2.352
Ausgaben pro Teilnehmer		430	676		645		1.752
Öffentliche Finanzierung		263	413		-676		0
Evaluation u. Zertifizierung		7	10		10		27

Tabelle 8.1-3: Zusammenfassung der finanziellen Auswirkungen im Vorschulbereich, Angaben in Mio. Euro

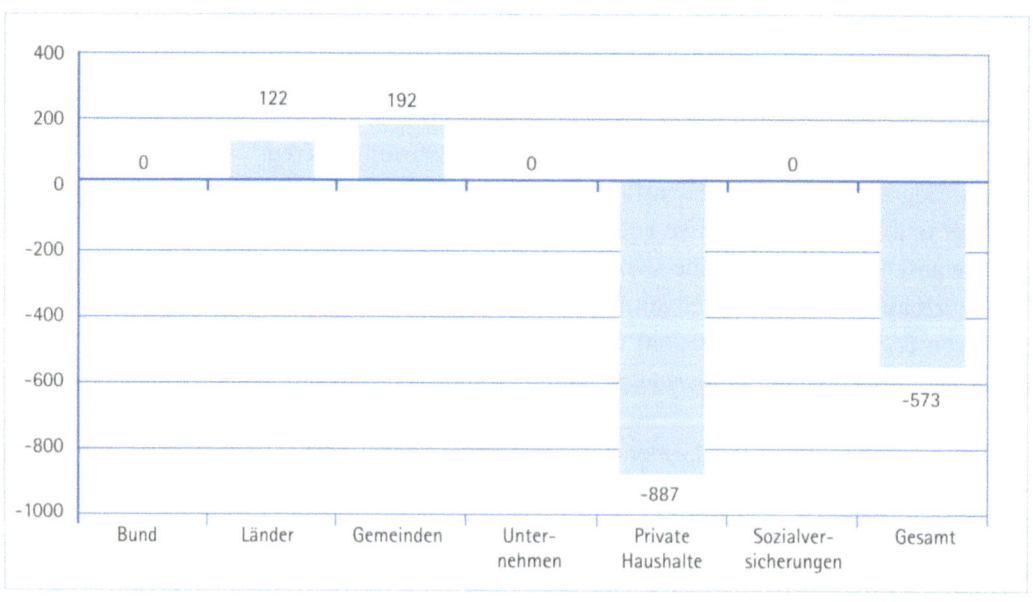

Abbildung 8.1-1: Veränderung der Ausgaben nach Trägern im Bereich der Vorschule, Angaben in Mio. Euro

8.1.2. Finanzielle Auswirkungen der Empfehlungen im Bereich der Primarschule (vormals Grundschule)

Das Schulsystem im Bereich der Lernphase Kindesalter ist gegenwärtig nicht optimal organisiert. Die systematische Unterrichtung beginnt zu spät. Der Schuleingang ist inflexibel und berücksichtigt nicht die unterschiedlichen Entwicklungsstände der Kinder. Die Dauer der gemeinsamen Unterrichtung von Kindern mit heterogenen Voraussetzungen ist mit vier Jahren meist zu kurz. Daher wird empfohlen, dass einheitlicher, öffentlicher, allgemein bildender Unterricht für Kinder zwischen dem vollendeten vierten Lebensjahr und dem vollendeten zehnten Lebensjahr (sechs Schuljahre) angeboten wird. Danach verzweigen sich die Bildungswege. Für eine Verfrühung des Lernens spricht im Wesentlichen die Tatsache, dass das erste Lernfenster bereits geschlossen ist, wenn der gegenwärtige Grundschulunterricht einsetzt.

Empfehlungen für den Grundschulbereich

Ferner wird empfohlen, dass schulischer Unterricht in der Primarschule Ganztagsunterricht von 9 bis 16 Uhr ist. Eine Betreuungsmöglichkeit für Kinder soll zwischen 8 und 18 Uhr bestehen. Für die Schulferien werden schulische Veranstaltungen in Form von Sommerschulen angeboten. Für die Ausdehnung des Unterrichts auf den gesamten Tag sprechen insbesondere sozioökonomische Rahmenbedingungen. Der Anteil Alleinerziehender beträgt gegenwärtig 16% mit steigender Tendenz. Gleichzeitig muss die Zahl der Familien steigen, in denen beide Eltern erwerbstätig sind, so dass die familialen Betreuungsmöglichkeiten für die Kinder sich reduzieren. Dadurch vermindert sich unter anderem die Möglichkeit, mit den Kindern zu üben, was eine wesentliche Voraussetzung für den Lernerfolg ist. In Europa ist die Ganztagsschule der Regelfall. Die Schulferien sind in Deutschland nicht länger als im übrigen Europa. Allerdings werden in Deutschland im Gegensatz zu anderen Ländern in der Ferienzeit nur selten öffentliche Lernmöglichkeiten angeboten, so dass in der unterrichtsfreien Zeit oft vieles wieder verlernt wird.

Die Empfehlungen sprechen sich außerdem dafür aus,

- vor dem Eintritt in die Primarschule und bei dem Übergang in die Sekundarstufe I bei allen Kindern eine gründliche Anamnese der Lernvoraussetzungen vorzunehmen,

- auf Grundlage der Anamnese-Ergebnisse zu entscheiden, welche besonderen Maßnahmen zur Förderung geeignet sind, wie z. B. zusätzlicher Unterricht in der Verkehrssprache bei Migranten, Förderunterricht bei Kindern mit Aufmerksamkeitsstörungen oder Zusatzangebote für Hochbegabte;

- in der Primarschule in stabilen Stammgruppen zu lernen, die altersheterogen zusammengesetzt sind und Kinder verschiedener Leistungsprofile aufnehmen. Da die Lerngruppenzusammensetzung altersheterogen ist, entfällt das Instrument der Klassenwiederholung;

- die Schulbiografie der Schüler mit einem System kontinuierlicher Beratung im Hinblick auf intellektuelle, körperliche, emotionale, geschlechtliche, ethnische und religiöse Heterogenität zu begleiten;

- individuell genutzte Medien (Schulbücher) nicht mehr durch den Staat, sondern privat, jedoch sozial verträglich, zu erwerben;

- Lernen in erheblichem Maße, insbesondere im Stammgruppenunterricht, mediengestützt ablaufen zu lassen;

- alle Bildungseinrichtungen generell alle fünf Jahre zu evaluieren und zertifizieren.

Zunahme der Schülerzahl in der Primarschule

Bei Realisierung der Empfehlungen von „Bildung neu denken! Das Zukunftsprojekt" wird sich die Teilnehmerzahl in der Primarschule von bisher vier um zwei auf sechs Schülerjahrgänge erhöhen. Bei einer durchschnittlichen Jahrgangsstärke von 700.000 Personen beläuft sich die Teilnehmerzahl in der Primarschule damit auf 4,2 Mio. Schüler. Die Verlängerung der Schulzeit in der Primarschule kommt durch eine Verfrühung des Schuleintritts zu Stande; der Übergang von der Primarschule zur Sekundarstufe I vollzieht sich wie heute im Alter von etwa 10 Jahren.

Die durchschnittlichen Ausgaben der öffentlichen Hand pro Schüler und Jahr für den Unterricht belaufen sich gegenwärtig (2000) in der Grundschule auf 3.600 Euro und in der Orientierungsstufe auf 4.400 Euro. Gewichtet mit der Anzahl der Schuljahre ergeben sich daraus durchschnittliche gegenwärtige Ausgaben pro Schüler in Höhe von 3.900 Euro pro Jahr.

Die Verlängerung der Schulzeit durch den früheren Schuleintritt um zwei Schuljahre hat bei einer durchschnittlichen Jahrgangsstärke von 700.000 Kindern und Kosten von 3.900 Euro pro Kind für sich genommen zusätzliche öffentliche Aufwendungen in Höhe von 5.460 Mio. Euro zur Folge. Darüber hinaus werden bei Realisierung der Empfehlungen die Ausgaben pro Schüler sich insgesamt deutlich erhöhen. Allerdings tritt ein Entlastungseffekt dadurch ein, dass Schüler das System bei entsprechender Eignung auch schneller durchlaufen können. Es wird dabei davon ausgegangen, dass dies bei 25% eines Altersjahrgangs der Fall ist, welcher die Primarschule in 5 statt 6 Jahren durchläuft; weitere 5% werden nur 4 Jahre benötigen.

Mehrkosten von 5,5 Mrd. € durch Verlängerung der Primarschule

Welche Überlegungen den im Folgenden verwendeten Kostenansätzen zugrunde liegen, wird nachstehend erläutert. Dabei wird in Bezug auf die Teilnehmerzahlen nicht mehr nach den bisherigen und den neu hinzukommenden Schülerjahrgängen unterschieden, sondern es wird zunächst von künftig sechs Jahrgängen mit zusammen 4,2 Mio. Schülern ausgegangen.

Gegenwärtig müssen jährlich rund 2% der Grundschüler die Klasse wiederholen. Wenn künftig, entsprechend den Empfehlungen von **„Bildung neu denken! Das Zukunftsprojekt"**, in Lerngruppen gelernt wird, die altersheterogen zusammengesetzt sind, entfällt das Instrument der Klassenwiederholung. Das vermindert die Zahl der zu unterrichtenden Schüler um die „Sitzenbleiber". Statt 102% eines Jahrganges sind nur 100% eines Jahrganges zu unterrichten. Bei 6 Schuljahren mit rund 4,2 Mio. Kindern im entsprechenden Alter ist gemäß den bisherigen Verhältnissen von rund 84.000 Klassenwiederholern auszugehen. Unter Zugrundelegung der bisherigen Ausgaben pro Schüler und Jahr in Höhe von 3.900 Euro reduzieren die Ausgaben sich durch den Wegfall der Klassenwiederholung um 328 Mio. Euro pro Jahr.

Einsparungen von 328 Mio. € durch Vermeidung von Klassenwiederholungen

Mit den flexibleren Lernbedingungen ist davon auszugehen, dass etwa ein Viertel aller Schüler die Pflichtschule, die sich aus der Primarschule und der Sekundarstufe I zusammensetzt, um ein Jahr schneller durchlaufen als die Regelschulzeit, weitere 5% sogar um zwei Jahre. Von 100 Schülern benötigen 70 Schüler 10 Jahre, 25 Schüler 9 Jahre und 5 Schüler 8 Jahre, zusammen 965 effektive Teilnahmejahre statt 1000 Regeljahren. Damit reduzieren sich die Schülerzahlen in der Primarschule von 4.200.000 Schülern um 147.000 auf

Einsparungen von 573 Mio. € durch schnelleren Durchlauf

4.053.000 Schüler. und die Ausgaben um 573 Mio. Euro. Für die folgenden Berechnungen ist von einer effektiven Schülerzahl von 4.053.000 Personen auszugehen.

Mehrkosten durch Ganztags- schulbetrieb von 3,2 Mrd. €

Die Einführung der Ganztagsschule wird zu einer Erhöhung der Zahl der Unterrichtsstunden pro Woche von heute durchschnittlich 29 auf 35 führen. Die Zeitspannen von 9 – 12 und von 13 – 16 Uhr für den Ganztagsunterricht umfassen 6 Zeitstunden pro Tag; einschließlich der Pausen ergibt dies etwa 7 Unterrichtsstunden pro Tag beziehungsweise 35 Unterrichtsstunden pro Woche. Im Verhältnis zum heutigen Durchschnitt von 29 Unterrichtsstunden pro Woche sind das rund 20% zusätzlich. Daraus resultiert für die laufenden Ausgaben, einschließlich der Umstellungskosten, die im wesentlichen baulicher Art sind, eine Erhöhung der durchschnittlichen Ausgaben pro Schüler um den Faktor 1,2, was eine Erhö-hung von 3.900 Euro um 780 Euro auf 4.680 Euro pro Schüler bedeutet. Bei 4,053 Mio. Schülern führt die Einführung der Ganztagsschule zu zusätzlichen Aufwendungen von 3,161 Mio. Euro pro Jahr.

Mehrausgaben durch höheren Betreuungsaufwand von 2,6 Mrd. €

Die Schaffung zusätzlicher Betreuungsmöglichkeiten, mit denen die gesamte Zeitspanne von 8.00 bis 18.00 Uhr durch die Schule abgedeckt wird, bezieht sich auf die Zeiten außerhalb der Unterrichtszeit. Das sind die Zeiten von 8.00 bis 9.00 Uhr, von 12.00 bis 13.00 Uhr und von 16.00 bis 18.00 Uhr, zusammen 4 Zeitstunden. Die Betreuung kann unter Beachtung der sich aus der Aufsichtspflicht ergebenden Bedingungen nicht nur von ausgebildeten Pädagogen, sondern auch von Teilnehmern des Zivilen Pflichtjahres, von Eltern oder von anderen pädagogischen Laien wahrgenommen werden. Um eine Orientierung über diese Ausgaben für die zusätzliche Betreuung zu geben, werden hier die heutigen Ausgaben für Betreuung in einem Hort herangezogen. Sie belaufen sich nach den oben bereits zitierten Angaben des DIW auf 2.500 Euro pro Kind und Jahr. Gegenwärtig nehmen rund 8% der Schulkinder die Möglichkeit einer Hortbetreuung wahr. Der Anteil wird sich aufgrund des erweiterten und dann für die Eltern auch kostenfreien Angebots der Schulen erhöhen, wobei von einer Teilnahmequote von 33% im Jahr 2020 auszugehen ist. Die durch die Realisierung der Empfehlungen von „Bildung neu denken! Das Zukunftsprojekt" entstehende Erhöhung der Ausgaben im Grundschulbereich durch die Einführung zusätzlicher Betreuungsmöglichkeiten beruht auf der Erhöhung der Teilnahmequote von 8% auf 33%. Bei insgesamt 4,053 Mio. Schülern wird zusätzlich die Betreuung von 1.013.250 Schülern wahrgenommen (33% minus 8% gleich 25% von 4,053 Mio.

Schülern). Die zusätzlichen Bruttoausgaben für die Betreuung belaufen sich auf 2,533 Mio. Euro (1.013.250 Schüler multipliziert mit Ausgaben pro Schüler von 2.500 Euro). Hinzu kommen für die öffentliche Hand die bisher von den Eltern getragenen Hortkosten der Kinder bei gegenwärtiger Teilnahmequote, die rund 81 Mio. Euro betragen (8% von 4,053 Mio. Schülern, multipliziert mit 10% der Bruttokosten von 2.500 Euro pro Schüler).

Bei den vorstehenden Überlegungen ist davon auszugehen, dass die Betreuung organisatorisch und im Hinblick auf die Zurechnung der Ausgaben in den Bereich der Primarschule gehört. Bei der konkreten Ausgestaltung sind auch Mischformen der Zuständigkeit möglich, die die vorhandenen Strukturen im Hortbereich berücksichtigen.

Schulische Angebote in Form von Sommerschulen werden voraussichtlich von etwa einem Viertel der Schüler angenommen werden, das sind bei insgesamt 4,053 Mio. Schülern 1.013.250 Schüler. Im Hinblick auf die Ausgaben pro Schüler ist pro Zeiteinheit zunächst von gleichen Aufwendungen wie für den regulären Unterricht auszugehen. Sie betragen für die Ganztagsschule 4.680 Euro pro Schüler und Jahr. Die Schulzeit umfasst etwa 39 Wochen eines Jahres, die Ferienzeit etwa 13 Wochen. Nur auf die Schulwochen bezogen, betragen die Ausgaben 120 Euro pro Schüler und Woche. Eine verstärkte Beteiligung von Eltern, von Teilnehmern des Zivilen Pflichtjahrs und anderen pädagogischen Laien bei der Durchführung von Freizeiten reduziert die Ausgaben pro Teilnehmer um geschätzte 10% auf 108 €. Wenn von den 13 Ferienwochen etwa 6 Wochen in Form von Sommerschulen genutzt werden, dann entstehen Ausgaben in Höhe von 648 Euro pro Schüler und Jahr. Wird dieses Angebot von 1.013.250 Schülern in Anspruch genommen, belaufen sich die zusätzlichen Ausgaben auf 657 Mio. Euro.

> Mehraufwand durch Einrichtung von Ferienschulen: 657 Mio. €

Für eine Anamnese der Lernvoraussetzungen vor dem Eintritt in die Primarschule fehlt den Schulen gegenwärtig das entsprechend ausgebildete Personal. Diese Kosten werden laut Empfehlungen von „Bildung neu denken! Das Zukunftsprojekt" zusätzlich anfallen. Ein psychologischer Test und ein Erkundungsgespräch mit einem Psychologen verursachen Aufwendungen von etwa 250 Euro pro Schüler. Dabei ist beispielsweise an das so genannte Kieler Einschulungsverfahren zu denken, das ein Elterngespräch, ein Unterrichtsspiel und eine Einzeluntersuchung umfasst. Wenn pro Jahr 700.000 Schüler begutachtet werden, dann sind dafür Ausgaben in Höhe von 175 Mio. Euro erforderlich.

> Anamnesekosten von 175 Mio. €

727 Mio. € für
besondere Förder-
maßnahmen

Auf der Grundlage der Ergebnisse der Anamnese der Lernvoraussetzungen kann entschieden werden, welche besonderen Maßnahmen
zur Förderung notwendig sind, das können z. B. sein: zusätzlicher
Unterricht in der Verkehrssprache bei Migranten, Förderunterricht bei
Kindern mit Aufmerksamkeitsstörungen oder Zusatzangebote für
Hochbegabte. Im Hinblick auf die potenziellen Teilnehmerzahlen solcher Fördermaßnahmen wird von den folgenden Größenordnungen
ausgegangen:

- Der Anteil der Kinder mit ausländischer Staatsangehörigkeit an
  einem Jahrgang beträgt gegenwärtig etwa 11%. In den Familien
  dieser Kinder wird überwiegend nicht deutsch gesprochen. Der Anteil dieser Kinder wird sich in Abhängigkeit von der künftigen Ein-
  wanderung, der Einbürgerung und des Sprachgebrauchs in den Familien voraussichtlich weiter deutlich erhöhen.

- Der Anteil der Kinder mit deutscher Staatsangehörigkeit, aber nicht
  deutscher Herkunftssprache ist gegenwärtig auf 2% eines Jahrgangs zu veranschlagen. Er wird künftig mit dem anteiligen Rück-
  gang der Zuwanderung deutscher, aber nicht deutschsprachiger
  Migranten nach Deutschland eher zurückgehen.

- Die Schätzungen des Anteils von Kindern mit Aufmerksamkeitsstörungen differieren sehr stark, eine mittlere Größenordnung beträgt 6%.

- Hochbegabte (IQ > 130) und Kinder mit besonderen Begabungen
  stellen je etwa 2% eines Jahrganges.

Die genannten Personengruppen mit besonderem Förderbedarf
umfassen zusammen genommen 23% eines Jahrganges. Bei insgesamt 4,053 Mio. Teilnehmern sind das 932.200 Schüler. Bei den Ausgaben pro Schüler für die Bereitstellung der Zusatzangebote ist von
dem gleichen Betrag auszugehen, der sich bei dem Übergang zur
Ganztagsschule zusätzlich ergeben hat. Dort beträgt er 780 Euro pro
Schüler. Im Ganzen ergeben sich für die Bereitstellung der genannten
zusätzlichen Förderangebote Mehrausgaben in Höhe von 727 Mio.
Euro. Die genannte Zahl stellt eher eine Obergrenze der zusätzlichen
Ausgaben dar, denn es ist davon auszugehen, dass die Hochbegabten
die Primarschule schneller durchlaufen, was sich dämpfend auf die

Ausgaben auswirkt. Dieser Effekt wird hier nicht gesondert berücksichtigt.

Auch für die Beratung von Eltern und Schülern, die die Schulbiografie der Schüler kontinuierlich begleitet, fehlt den Schulen gegenwärtig das entsprechende Personal. Es wird davon ausgegangen, dass
je 500 Schüler eine Personalstelle einzurichten ist, die 55.000 Euro pro
Jahr an direkten Personalkosten verursacht. Bei 4,053 Mio. Schülern
im Grundschulbereich sind 8.106 Stellen neu einzurichten. Die Mehrkosten betragen 446 Mio. Euro pro Jahr.

Mehrausgaben
für Beratung:
446 Mio. €

Der private Erwerb von individuell genutzten Medien wird empfohlen, weil Schulbücher so auf einem aktuelleren Stand gehalten
werden können, außerdem ist ein sorgsamer Umgang damit wahr-
scheinlicher. Ein großes Problem besteht aktuell in der starken Überalterung der Lehrmittel, weil sie bisher als Leihexemplare viele Jahre
eingesetzt werden müssen, zudem befinden sie sich häufig in einem
desolaten Zustand, weil in der langen Benutzerzeit häufig unachtsam
mit ihnen umgegangen wird. Die Ausleihzeiten von Lehrwerken liegen
im Bundesdurchschnitt gegenwärtig bei neun Jahren. Heute werden
pro Jahr im Bundesdurchschnitt ca. 20 Euro pro Schüler für den Lehr-
mittelkauf öffentlich aufgewendet. Um eine angemessene aktuelle
Versorgung der Schüler zu erreichen, müssen die Ausgaben deutlich
erhöht werden. Für den Grundschulbereich sind dafür etwa 70 Euro
pro Schüler und Jahr anzusetzen. Durch die Verlagerung der Aufwendungen von der öffentlichen Hand auf die Privaten reduzieren die öffentlichen Aufwendungen sich um 20 Euro pro Schüler, die privaten
Aufwendungen erhöhen sich um 70 Euro pro Schüler und Jahr. Damit
geht eine deutliche qualitative und quantitative Verbesserung der
Ausstattung der Schüler einher. Die zusätzlichen Aufwendungen für
die Privaten, aber auch die Qualität der Ausstattung, werden in der
Praxis im Vergleich zu diesem Zustand maximaler Ausgaben durch die
zu erwartende privat organisierte Mehrfachnutzung von Unterrichts-
material ("Schulbuchflohmärkte") reduziert.

146 Mio. €
Mehrausgaben für
bessere Lehrmittel

Nach den Erfahrungen aus dem Bundesland Rheinland-Pfalz, in
dem der private Erwerb von Lehrmitteln bereits heute weitgehend
üblich ist, werden 40% der Lehrmittel ein zweites Mal benutzt. Wenn
man davon ausgeht, dass der Preis eines gebraucht erworbenen Lehr-
buchs nur etwa halb so hoch ist wie der eines neuen, dann reduziert
das die Aufwendungen der Privaten von 70 auf durchschnittlich 56
Euro pro Schüler und Jahr (70*0,4*0,5+70*0,6).

Empfohlen wird, einen sozialen Ausgleich für die Verlagerung der Aufwendungen zu den Privaten zu schaffen. Begünstigt werden sollten mindestens die Kinder, die (beziehungsweise deren Eltern) Sozialhilfe (Hilfe zum Lebensunterhalt) beziehen. Das sind gegenwärtig rund 8% eines Jahrganges. Unter der Annahme, dass die Begünstigung den oben genannten durchschnittlichen Aufwendungen pro Schüler entspricht, wird für die hier vorgenommene pauschalierende Berechnung unterstellt, dass Sozialhilfe beziehende Kinder ihre Schulbücher zum gleichen Anteil auf dem Secondhandmarkt erwerben wie alle Kinder im Durchschnitt. Werden neben den Kindern in Sozialhilfe beziehenden Haushalten auch solche Kinder begünstigt, die in Haushalten mit einer „prekären" Einkommenssituation leben, dann verdoppeln sich die Aufwendungen für den sozialen Ausgleich. Bei dem gegenwärtigen organisatorischen Rahmen der sozialen Sicherung gegen Armut ist es aber nur schwer vorstellbar, wie die entsprechenden Bedarfsprüfungen durchgeführt werden können, ohne zusätzlich erheblichen organisatorischen Aufwand zu verursachen. Alternativ ist an eine Erhöhung des Kindergeldes zu denken. Sie kommt auch nichtbedürftigen Haushalten zu Gute, verursacht dadurch erhebliche „Mitnahmeeffekte" und ist fiskalisch gesehen „teuer".

Bei 4,053 Mio. Schülern vermindern die öffentlichen Aufwendungen für Lehrmittel sich durch die Verlagerung zu den Privaten zunächst um 81 Mio. Euro (4,053 Mio.*20 Euro), während die privaten Aufwendungen sich um 227 Mio. Euro (4,053 Mio.*56 Euro) erhöhen. Durch den sozialen Ausgleich steigen die öffentlichen Aufwendungen andererseits um 18 Mio. Euro (4,053 Mio.*8%*56 Euro), während die privaten Aufwendungen sich um den gleichen Betrag verringern. Zusammen genommen vermindern die öffentlichen Aufwendungen für Lehrmaterial sich um 63 Mio. Euro, während die privaten Aufwendungen sich, verbunden mit einer deutlichen qualitativen und quantitativen Verbesserung, um 209 Mio. Euro erhöhen.

Verbesserung der IT-Ausstattung für 405 Mio. € im Jahr

Die Ausstattung der Schulen mit Informationstechnik ist gemäß den Empfehlungen von **„Bildung neu denken! Das Zukunftsprojekt"** erheblich zu verbessern. Für die Primarschule ist ein IT-Arbeitsplatz für etwa 10 Schüler sinnvoll. Bei insgesamt 4,053 Mio. Schülern in der Primarschule sind das 405.300 Arbeitsplätze. Ausgaben von durchschnittlich 1.000 Euro pro Arbeitsplatz verursachen zusätzliche Ausgaben in Höhe von 405 Mio. Euro. Die Ausgaben pro Arbeitsplatz beziehen sich auf eine durchschnittliche Lebensdauer der Geräte von 4 Jahren, sie schließen neben der Anschaffung der Endgeräte, anderer Peripherie und der Netzwerkkomponenten auch die laufenden Kosten für Wartung und Administration sowie für den Internetzugang ein.

Für eine regelmäßige Evaluation und Zertifizierung der Primar-
schulen ist mit Ausgaben in Höhe von 20 Euro pro Teilnehmer und Jahr
zu rechnen. Wenn die Evaluationen alle fünf Jahre durchgeführt werden, entstehen bei einer mittelgroßen Einrichtung mit 200 Kindern pro
Evaluation Ausgaben in Höhe von 20.000 Euro. Für den gesamten vorschulischen Bereich betragen bei 4.053.000 Teilnehmern die Ausgaben
für Evaluation 81 Mio. Euro pro Jahr.

Evaluierungskosten von 81 Mio. € im Jahr

Bei Realisierung aller Empfehlungen von **„Bildung neu denken!
Das Zukunftsprojekt!"** erhöhen sich die Ausgaben für den Primar-
schulbereich um 12,9 Mrd. Euro. Verschiebungen in der Bildungsbeteiligung bewirken erhebliche Veränderungen in den Ausgaben. Belastungen durch die Verlängerung der Schulzeit von vier auf sechs Jahre
stehen in der Sekundarstufe I entsprechende Entlastungen gegenüber.
Entlastend wirken die Verringerung der Teilnehmerzahlen, die mit einer
Beschleunigung des Durchlaufs durch die Schule einhergehen, und die
Verringerung der Teilnehmerzahlen durch den Wegfall der Klassenwiederholung. Von den zusätzlichen Ausgaben entfallen nach den bisherigen Relationen der Ausgaben auf die Länder 10,5 Mrd. Euro und
auf die Gemeinden 2,2 Mrd. Euro. Die Privaten Haushalte tragen mit
209 Mio. Euro zu einer verbesserten Qualität der Ausstattung mit
Lehrmaterialien bei.

12,9 Mrd. Euro mehr für Primar-schulbereich

Änderung/ Empfehlung	Bund	Länder	Gemeinden	Unter-nehmen	Private Haushalte	Sozialver-sicherungen	Gesamt
Primarschule	0	10.520	2.242	0	209	0	12.971
Längere Schuldauer		4.501	959				5.460
Wegfall Klassenwiederholung		-270	-58				-328
Beschleunigter Durchlauf		-472	-101				-573
Ganztagsschule		2.606	555				3.161
Betreuungsmöglichkeiten		2.155	459				2.614
Ferienschulen		542	115				657
Anamnese Lernvoraussetzungen		144	31				175
Fördermaßnahmen/ Zusatzangebote		599	128				727
Beratung		368	78				446
Privater Erwerb von Medien		-52	-11		209		146
Ausstattung Informationstechnik		334	71				405
Evaluation u. Zertifizierung		67	14				81

Tabelle 8.1-4: Übersicht über die finanziellen Auswirkungen im Bereich der Primarschule, Angaben in Mio. Euro

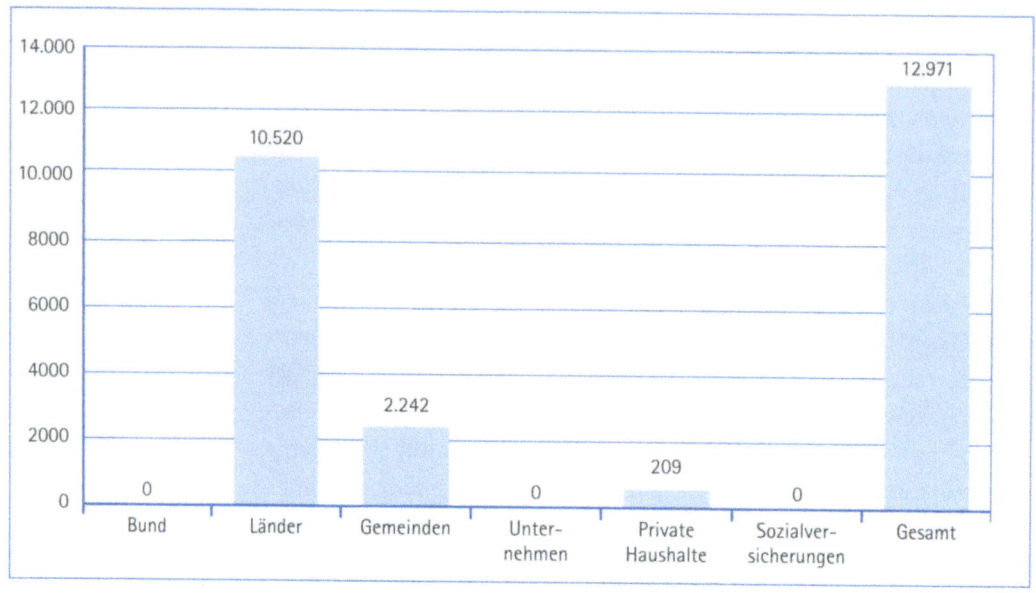

Abbildung 8.1-2: Veränderung der Ausgaben nach Trägern im Bereich der Primarschule, Angaben in Mio. Euro

Die vorgestellten erhöhten Investitionen und Konsumausgaben für die ab Vierjährigen sind dringend erforderlich, um

- Bildungsgerechtigkeit im Sinne einer rechtzeitigen Entstehung von Basiskompetenzen insbesondere im sprachlichen Bereich zu schaffen, weil gerade bildungsferne Familien außerstande sind, ihren Kindern die intellektuellen Voraussetzungen für eine erfolgreiche Lernbiografie bereitzustellen;

- angesichts der demografischen Entwicklung keine grundsätzlich vorhandenen Bildungsreserven zu vergeuden;

- bereits bei den Eltern durch deren eigene Ausbildung akkumuliertes Humankapital zu erhalten und zu fördern und amortisierbar zu machen sowie Dequalifizierung zu vermeiden;

- beiden Eltern bzw. in der wachsenden Zahl allein erziehender Mütter oder Väter diesen eine Erwerbstätigkeit zu ermöglichen, deren Bedeutung vor dem Hintergrund der demografischen Entwicklung wächst;

- Kinder nichtdeutscher Herkunft rechtzeitig sprachlich und darüber auch kulturell integrationsfähig sowie vor allem berufsbildungsfähig zu machen;

- volkswirtschaftliche Wohlfahrtsverluste durch zu lange Erziehungskarenzen zu minimieren.

In dieser ersten Bildungsphase werden die Weichen für eine erfolgreiche Bildungsphase gestellt. Es ist Aufgabe des Staates, weil Interesse der Gesellschaft, in dieser Phase alle erforderlichen Voraussetzungen zu schaffen. Zumindest für eine Übergangsphase kann daran gedacht werden, eine Entlastung öffentlicher Haushalte dadurch zu erzielen, dass zwischen dem unterrichtlichen und dem rein pflegerischen bzw. erziehenden Anteil unterschieden wird und für die Beaufsichtigung und Verköstigung der Kinder Entgelte verlangt werden. Insoweit bei Familien mit eins bis zwei Kindern und einem mindestens mittleren Einkommen die Opportunitätskosten für einen Verzicht auf Erwerbstätigkeit höher sind als die Unterbringungskosten, ist dieses vom volkswirtschaftlichen Standpunkt aus rational.

Die exorbitante Kostensteigerung für die Länder und mit Abschwächung auch für die Gemeinden wirft erneut die Frage nach der Angemessenheit der dezentralen Bildungsfinanzierung im allgemein bildenden Bereich auf. Zumindest muss sichergestellt werden, dass die Bildungsqualität ebenso wie die Unterbringungsqualität in allen Teilen der Bundesrepublik gleich ist. Dieses wird nur über einen objektbezogenen Länderfinanzausgleich oder über eine Beteiligung des Bundes möglich sein. Wenn der Bildungsföderalismus hier an seine Grenzen gerät, muss zumindest über eine öffentliche Lastenteilung besonders in diesem Bereich diskutiert werden.

8.1.3. Finanzielle Auswirkungen der Empfehlungen im Bereich von Sekundarschule und Gymnasium

Empfehlungen für
die Sekundarstufe I

Während in der Primarschule Kinder bei durchaus heterogenen Ausgangsbedingungen gemeinsam unterrichtet werden, führen heterogene Lernvoraussetzungen in der folgenden Stufe zu einer Differenzierung. Diese Stufe wird angeboten

- als Gymnasium mit allgemein bildender Orientierung für mindestens das oberste Leistungsdrittel,

- in Sekundarschulform als kombinierte Haupt- und Realschule mit allgemein bildender Orientierung für das zweite und dritte Leistungsdrittel,

- als Sonderschule für Kinder mit schweren und schwersten geistigen beziehungsweise körperlichen Behinderungen, und zwar solange diese Behinderungen im Rahmen eines regulären Unterrichts nicht kompensierbar sind oder wenn eine gemeinsame Unterrichtung mit Nichtbehinderten für die behinderten Kinder eine Benachteiligung hinsichtlich ihrer Bildungsmöglichkeiten mit sich brächte,

- als Spezialschule oder als Enrichment-Angebot für Kinder mit besonderen Lernvoraussetzungen (z. B. Mehrsprachigkeit) oder mit besonderen Begabungen (z. B. musische, sportliche Begabungen) sowie insbesondere auch für Kinder mit Hochbegabung (IQ größer als 125 – 130).

Wie bei der Primarschule handelt es sich um öffentlichen Unterricht, der sich in der Regel auf die Altersgruppe vom vollendeten zehnten bis zum vollendeten vierzehnten Lebensjahr (vier Schuljahre) bezieht. Mit Vollendung des vierzehnten Lebensjahres endet die Vollzeitschulpflicht. Der weitere Schulbesuch nach dem vierzehnten Lebensjahr wird durch eine Ausbildungsverpflichtung im Umfang von drei Jahren nach dem Abschluss der zehnjährigen Allgemeinbildungsphase geregelt.

Der Unterricht in der Sekundarstufe I ist als Ganztagsunterricht mit der Unterrichtszeit von 9 bis 16 Uhr sowie mit Betreuungsmöglichkeiten von 8 bis 9 und von 16 bis 18 Uhr angelegt. Für die Sekundarstufe I gelten darüber hinaus die folgenden Empfehlungen, die bereits für die Primarschule ausgesprochen worden sind:

- Für die Schulferien gibt es schulische Angebote in Form von Sommerschulen.

- Bei der Aufnahme in die Schulen der Sekundarstufe I erfolgt eine
gründliche Anamnese der Leistungsvoraussetzungen.

- Es entfällt das Instrument der Klassenwiederholung. In der Sekundarstufe I ersetzt das Prinzip des modularisierten Lernens sukzessive den Unterricht in einer stabilen Lerngruppe.

- Die Schulbiografie wird durch ein System kontinuierlicher Beratung begleitet.

- Individuell genutzte Lehrmittel werden privat erworben.

- Der Unterricht erfolgt regelhaft mediengestützt.

- Alle Bildungseinrichtungen werden generell alle fünf Jahre evaluiert und zertifiziert.

Im Hinblick auf die Teilnehmerzahlen unterscheidet sich die
Sekundarstufe I von den bisherigen Gegebenheiten, da sie um zwei
Schuljahre kürzer ist. Statt der bisherigen fünf bis sechs Schuljahre
umfasst sie jetzt vier Jahre. Primarschule und Sekundarstufe I dauern
zusammen wie bisher 10 Jahre; anders als bisher nimmt die Primarschule davon sechs statt vier, die Sekundarstufe vier statt sechs Jahre
in Anspruch. Bei vier Schuljahren und durchschnittlich 700.000 Kindern pro Jahrgang beträgt die Teilnehmerzahl in der Sekundarstufe I
2,8 Mio. Schüler. Außerdem ist der Wegfall der Klassenwiederholung
und der schnellere Durchgang durch die Schulen zu berücksichtigen,
die die Teilnehmerzahlen reduzieren.

> Geringere Schülerzahl in der Sekundarstufe I

Durch die Verkürzung der Sekundarstufe I auf 4 Jahre reduzieren
sich die Ausgaben für die Sekundarstufe entsprechend um zwei Jahrgänge. Bei einer durchschnittlichen Jahrgangsstärke von 700.000
Kindern und Ausgaben pro Kind und Jahr in der Sekundarstufe von
5.000 Euro (siehe unten) vermindern sich die Ausgaben für die Sekundarstufe I um 7.000 Mio. Euro pro Jahr.

> 7 Mrd. € Ersparnis durch Verkürzung der Sekundarstufe I

Gegenwärtig betragen die Wiederholeranteile an Schülern bei den Hauptschulen 4,3%, bei den Realschulen 6,0% und bei den Gymnasien 3,2%. Im Mittel werden im Bereich der Sekundarstufe I einschließlich der Wiederholer etwa 105% eines Jahrganges beschult. Bei insgesamt 2,8 Mio. Schülern ist unter den bisherigen Bedingungen von 140.000 Wiederholern pro Jahr auszugehen. Mit dem Wegfall des Instruments der Klassenwiederholung und bei Ausgaben pro Schüler von 5.000 Euro (siehe unten) reduzieren sich die Ausgaben für die Sekundarstufe I um 700 Mio. Euro.

Von den Schülern in der Sekundarstufe I entfallen entsprechend den oben dargestellten Zielvorstellungen für die Bildungsbeteiligung

- 4% auf die Sonderschulen für geistig und körperlich Behinderte (112.000 Schüler),

- 4% auf die Spezialschulen für Kinder mit besonderen Lernvoraussetzungen (112.000 Schüler),

- 31% auf das Gymnasium (868.000 Schüler) und

- 61% auf die Sekundarschule (1.708.000 Schüler).

Zu den Teilnehmerzahlen für die Sonderschulen und die Spezialschulen werden unten weitere Details angeführt. Ein Vergleich mit den gegenwärtig bestehenden Beteiligungsquoten nach Schularten ist nicht direkt möglich. Betrachtet man die Altersgruppe der 13- bis unter 14-Jährigen, dann besuchten im Jahr 2000

- Hauptschulen (einschl. Orientierungsstufen) 22,5%,

- Realschulen 24,5%,

- Gymnasien 29,2%,

- integrierte Gesamtschulen und freie Waldorfschulen 9,9%,

- Schulen mit mehreren Bildungsgängen 8,6%,

- Sonderschulen 5,4%.

Wenn sich im Bereich der Sekundarstufe I durch die Realisierung der Empfehlungen von **„Bildung neu denken! Das Zukunftsprojekt"** gegenüber dem heutigen Zustand Veränderungen in den Teilnahmequoten nach Schularten ergeben, dann können deren finanzielle Auswirkungen wegen der unscharfen statistischen Erfassung der heutigen Beteiligungsquoten nicht genau nachvollzogen werden. Zur Orientierung wird im Folgenden davon ausgegangen, dass Verschiebungen in den Teilnahmequoten zwischen den Schulformen kostenneutral sind; Ausnahmen sind die Sonderschulen und die Schulen für Kinder mit besonders guten Lernvoraussetzungen.

Mit den flexibleren Lernbedingungen ist davon auszugehen, dass etwa ein Viertel aller Schüler die Pflichtschule, die sich aus der Primarschule und der Sekundarstufe I zusammensetzt, um ein Jahr schneller durchlaufen als die Regelschulzeit, weitere 5% sogar um zwei Jahre. In der Sekundarstufe I reduzieren sich die Teilnehmerzahlen damit von 2.800.000 um 98.000 auf 2.702.000 Schüler. Bei bisherigen Ausgaben pro Schüler und Jahr von 5.000 Euro reduzieren sich die Ausgaben damit um 490 Mio. Euro. Für die folgenden Berechnungen ist von einer effektiven Teilnehmerzahl von 2.702.000 Schülern in der Sekundarstufe I auszugehen. Der beschleunigte Durchlauf durch die Schule wird sich vermutlich in erster Linie im gymnasialen Zug abspielen und die dortigen Teilnehmerzahlen beeinflussen. Da im Weiteren von gleichen Kosten pro Teilnehmer in den verschiedenen Zügen der Sekundarstufe I (mit Ausnahme der Sonderschulen) ausgegangen wird, hat das jedoch annahmegemäß keine finanziellen Auswirkungen.

Die durchschnittlichen Ausgaben pro Schüler sind gegenwärtig in den einzelnen Schulzweigen der Sekundarstufe I recht unterschiedlich. Die Statistik nennt für die Realschule 4.300 Euro, für die Hauptschule 5.100 Euro, für das Gymnasium 5.200 Euro und für die integrierte Gesamtschule 5.400 Euro pro Schüler und Jahr. Aus dem vorstehend genannten Grund wird für die Schulen der Sekundarstufe I von einem einheitlichen gegenwärtigen Kostenniveau von 5.000 Euro pro Schüler ausgegangen. Eine Ausnahme bilden dabei die Sonderschulen (für geistig und körperlich Behinderte), deren Ausgaben pro Schüler sich gegenwärtig auf 10.900 Euro belaufen.

Wie bei der Primarschule wird die Einführung der Ganztagsschule auch für den Sekundarbereich eine Erhöhung der Ausgaben pro Schüler mit sich bringen. Aus den gleichen Gründen wie oben bereits genannt, erhöhen sich die Ausgaben pro Schüler um 20%; sie steigen von 5.000

Einsparungen von 490 Mio. € durch schnelleren Durchlauf

Pro Jahr 5.000 € je Schüler

Mehrkosten durch Ganztagsschule von 2,7 Mrd €

Euro um 1.000 Euro auf 6.000 Euro. Das Ganztagsschulangebot gilt für alle Schüler, unabhängig von der Schulform. Die Ausgaben für die Sekundarstufe I erhöhen sich durch den Übergang auf die Ganztagsschule um 2.702 Mio. Euro.

Mehrkosten durch
verbesserte Betreu-
ung von 2,3 Mrd. €

Über das Ganztagsschulangebot hinaus gilt ferner, dass auch für den Sekundarbereich I zusätzliche Betreuungsmöglichkeiten geschaffen werden, die schultäglich den Zeitraum von 8.00 Uhr bis 18.00 Uhr abdecken. Wenn ein Drittel der Schüler das Angebot wahrnimmt und die Ausgaben pro Schüler, wie oben für die Primarschule angenommen, sich auf 2.500 Euro belaufen, dann ergeben sich zusätzliche Ausgaben in Höhe von 2.252 Mio. Euro. Die Aufwendungen für die heute bereits bestehende nachschulische Betreuung von Schulkindern in Horten sind bei der Berechnung der zusätzlichen Ausgaben im Bereich der Primarschule bereits vollständig berücksichtigt worden.

Zusatzangebote für
169 Mio. €

In der Sekundarstufe I werden weiterhin Zusatzangebote für Kinder mit hoher Begabung sowie für Kinder mit speziellen Begabungen vorgehalten. Es wird angenommen, dass die Anteile beider Gruppen an einem Jahrgang jeweils etwa 2% betragen. Dabei ist unterstellt, dass die Begabung wie andere Merkmale in der Bevölkerung normalverteilt ist. Jeweils rund 2% der Bevölkerung haben einen sehr hohen (über 130) oder einen sehr niedrigen (unter 70) Intelligenzquotienten. Für die Ausgaben pro Schüler in den Zusatzangeboten in der Sekundarstufe I wird angenommen, dass sie doppelt so hoch sind wie die entsprechenden Ausgaben im Grundschulbereich und sich auf 1.560 Euro pro Schüler belaufen. Zusatzangebote der genannten Art für 108.080 Schüler verursachen zusätzliche Ausgaben in Höhe von 169 Mio. Euro pro Jahr.

Ein besonderer Förderbedarf von Kindern mit anderem als verkehrssprachlichem Sprachhintergrund besteht bei „Quereinsteigern" in das deutsche Schulsystem, d. h. bei Kindern, die älter als vier Jahre sind, wenn sie als Immigranten nach Deutschland kommen. Wichtig ist dabei die bereits bestehende Sicherheit im Umgang mit der Muttersprache, auf der der Fremdspracherwerb aufbaut. Dieser Förderbedarf kann in seinem Umfang mangels quantitativer Grundlagen und bei nach wie vor ungeklärten Prinzipien der Zuwanderung nicht seriös abgeschätzt werden.

Förderung von
Sonderschülern
kostenneutral

Wegen der verstärkten Förderung von Kindern mit besonderem Förderbedarf in der Primarschule und wegen der höheren integrativen Stärke der Primarschule wird der Anteil der Sonderschüler (Kinder mit geistigen und körperlichen Behinderungen) geringer sein als heute. Es wird angenommen, dass er sich von heute 5,4% auf künftig 4% eines Jahrganges reduziert. Wegen der im Durchschnitt mit 10.900 Euro mehr als doppelt so hohen Ausgaben pro Schüler wie in den anderen Schulzweigen hat das zur Folge, dass die Ausgaben im Sekundarbereich sich tendenziell reduzieren. Bei 1,4% eines Jahrganges und vier Schuljahren handelt es sich um knapp 40.000 Jugendliche; die Ausgaben reduzieren sich um 231 Mio. Euro. Andererseits wird es auch in der Sekundarstufe I erforderlich sein, eine verstärkte Einzelfallförderung anzubieten. Vereinfachend ist anzunehmen, dass die dafür erforderlichen Ausgaben die gleiche Höhe aufweisen wie die bei den Sonderschulen entstehenden Einsparungen.

Für das Angebot von Ferienschulen gelten die gleichen Überlegungen, wie sie bereits für die Primarschule angestellt worden sind. Die zusätzlichen Ausgaben pro Schüler leiten sich aus den durchschnittlichen Ausgaben pro Schüler und Jahr ab, indem letztere auf die durchschnittlich 39 Schulwochen bezogen werden. Die Ausgaben pro Schüler und Schulwoche betragen im Bereich der Sekundarschule I rund 130 Euro. Wenn man davon ausgeht, dass gewisse Aufgaben von Eltern, Teilnehmern des Zivilen Pflichtjahrs oder anderen pädagogischen Laien übernommen werden können, dann vermindern sich dem gegenüber die Ausgaben pro Schüler und Ferienschulwoche um 10% auf 117 Euro. Bei sechs Schulwochen im Rahmen von Ferienschulen resultieren Ausgaben pro Schüler und Jahr in Höhe von 702 Euro. Wenn ein Viertel der Schüler das Angebot wahrnimmt, summieren die zusätzlichen Ausgaben für Ferienschulen sich auf 474 Mio. Euro.

Mehrausgaben von 474 Mio. € für Ferienschulen

Da bei der Einmündung von der Primarschule in die Schulen der Sekundarstufe I nach Schularten unterschieden wird, ist wie bereits beim Schuleintritt eine gründliche Untersuchung der Lernvoraussetzungen erforderlich. Die Ausgaben pro Schüler belaufen sich hierfür auf schätzungsweise 250 Euro, wobei 700.000 Schüler pro Jahr zu begutachten sind. Daraus resultieren zusätzliche Ausgaben in Höhe von 175 Mio. Euro.

Kosten für Anamnese der Lernvoraussetzungen in Höhe von 175 Mio. €

Eine die Schulbiografie der Schüler kontinuierlich begleitende Beratung von Eltern und Schülern ist auch im Bereich der Sekundarschule I erforderlich. Wenn dafür je 500 Schüler eine Personalstelle eingerichtet wird, die Ausgaben in Höhe von 55.000 Euro pro Jahr verursacht, dann summieren die zusätzlichen Ausgaben sich bei 2,702 Mio. Schülern auf 297 Mio. Euro.

Kosten für Schulbiografie-Beratung von 297 Mio. €

Mehrausgaben für privaten Erwerb der Lehrmittel 249 Mio. €

Auch für die Sekundarstufe I gilt die Empfehlung, dass privat genutzte Lehrmittel künftig privat erworben werden sollen. Im Bereich der Sekundarstufe I sind die Ausgaben für eine angemessene und aktuelle Ausstattung pro Schüler etwa doppelt so hoch wie im Grundschulbereich und belaufen sich auf rund 140 Euro pro Schüler und Jahr. Alle anderen finanziellen Kennzahlen sind im Sekundarschulbereich die gleichen wie im Grundschulbereich.

Die gegenwärtigen öffentlichen Ausgaben für Lehrmittel betragen im Bundesdurchschnitt 20 Euro pro Schüler. Es ist davon auszugehen, dass bei einer Privatisierung des Lehrmittelerwerbs sich ein privater Secondhandmarkt etabliert, so dass etwa 40% der Bücher ein zweites Mal genutzt werden können. Das reduziert die Ausgaben pro Schüler gegenüber einer kompletten Neuausstattung bei verminderter Qualität und Quantität auf 112 Euro. Als Zwischenergebnis ist festzuhalten, dass die öffentlichen Ausgaben für Lehrmittel sich um 54 Mio. Euro reduzieren (2,702 Mio. Schüler*20 Euro), während die privaten Aufwendungen sich bei deutlicher Verbesserung von Qualität und Quantität der Ausstattung um 303 Mio. Euro (2,702 Mio.*112 Euro) erhöhen.

Wenn wie bei der Primarschule ein sozialer Ausgleich geschaffen wird, indem bei Kindern, die in Sozialhilfe beziehenden Haushalten leben, die privaten Aufwendungen erstattet werden, dann reduzieren sich die privaten Ausgaben entsprechend, die öffentlichen Ausgaben erhöhen sich. Das trifft für rund 8% der Kinder zu, so dass der für den sozialen Ausgleich aufzuwendende Betrag und die Entlastung der Privaten sich auf jeweils 24 Mio. Euro belaufen.

450 Mio. € pro Jahr für IT-Ausstattung

Die Ausstattung der Schulen mit Informationstechnik ist gemäß den Empfehlungen von „Bildung neu denken! Das Zukunftsprojekt" erheblich zu verbessern. Für die Sekundarstufe I ist ein IT-Arbeitsplatz für etwa 6 Schüler sinnvoll. Bei einer gesamten Schülerzahl in der Sekundarstufe I von 2,702 Mio. sind das rund 450.000 Arbeitsplätze. Bei Ausgaben von durchschnittlich 1.000 Euro pro Arbeitsplatz entstehen zusätzliche Ausgaben in Höhe von 450 Mio. Euro. Die Ausgaben pro Arbeitsplatz beziehen sich auf eine durchschnittliche Lebensdauer der Geräte von 4 Jahren, sie schließen neben der Anschaffung der Endgeräte, anderer Peripherie und der Netzwerkkomponenten auch die laufenden Kosten für Wartung und Administration sowie für den Internetzugang ein.

Für eine regelmäßige Evaluation und Zertifizierung der Schulen der Sekundarstufe I ist mit Ausgaben in Höhe von 20 Euro pro Teilnehmer und Jahr zu rechnen. Wenn die Evaluationen alle fünf Jahre durchgeführt werden, entstehen bei einer mittelgroßen Einrichtung mit 200 Kindern pro Evaluation Ausgaben in Höhe von 20.000 Euro. Für den gesamten Bereich der Sekundarstufe I betragen bei 2.702.000 Teilnehmern die Ausgaben für Evaluation 54 Mio. Euro pro Jahr.

54 Mio. € pro Jahr für regelmäßige Evaluierung

Zusammenfassend vermindern sich die Ausgaben für den Sekundarbereich I um knapp 1.400 Mio. Euro. Der wesentliche Grund hierfür sind die verringerten Ausgaben als Folge der um zwei Jahrgänge kleineren Schülerzahlen sowie der verringerten Teilnehmerzahlen, die mit dem schnelleren Durchlauf durch die Schule und mit dem Wegfall der Klassenwiederholung verbunden sind. Die Ausgaben der Länder reduzieren sich um 1,4 Mrd. Euro, die der Gemeinden um 0,3 Mrd. Euro. Die Ausgaben der privaten Haushalte erhöhen sich durch die verbesserte Ausstattung mit Lehrmitteln um 279 Mio. Euro.

Kostenreduzierung in der Sekundarstufe I von 1,4 Mrd. €

Änderung/ Empfehlung	Bund	Länder	Gemeinden	Unternehmen	Private Haushalte	Sozialversicherungen	Gesamt
Sekundarstufe I	0	-1.358	-289	0	279	0	-1.368
Kürzere Schuldauer		-5.770	-1.230				-7.000
Wegfall Klassenwiederholung		-577	-123				-700
Beschleunigter Durchlauf		-404	-86				-490
Ganztagsschule		2.227	475				2.702
Betreuungsmöglichkeiten		1.856	396				2.252
Fördermaßnahmen/ Zusatzangebote		139	30				169
Ferienschulen		391	83				474
Anamnese Lernvoraussetzungen		144	31				175
Beratung		245	52				297
Privater Erwerb von Medien		-25	-5		279		249
Ausstattung Informationstechnik		371	79				450
Evaluation u. Zertifizierung		45	9				54

Tabelle 8.1-5: Übersicht über die finanziellen Auswirkungen im Bereich der Sekundarstufe I, Angaben in Mio. Euro

Die Berechnung der finanziellen Auswirkungen zeigt, dass die dringend erforderlichen, tief greifenden Reformen für die Sekundarstufe I (Sekundarschule und Gymnasium) von keinen Belastungserweiterungen, sondern von Ausgabenverminderungen und auch von keinen Lastenverschiebungen begleitet sein werden, die nicht zu bewältigen sind.

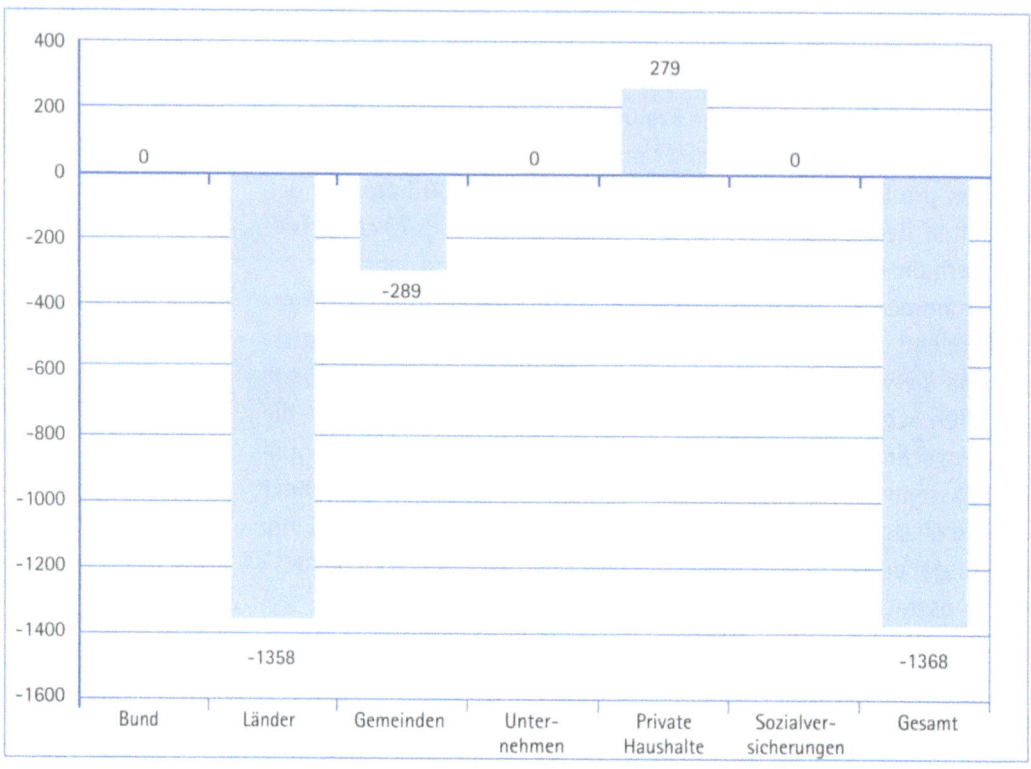

Abbildung 8.1-3: Veränderung der Ausgaben nach Trägern im Bereich der Sekundarstufe I, Angaben in Mio. Euro

Die geringfügig höhere Belastung der privaten Haushalte resultiert im Wesentlichen aus der privaten Zuständigkeit für Lehrmittel, die in den Händen der Schüler verbleiben sollen: Da das Ausleihsystem sich nicht bewährt hat, weil insbesondere die Veralterung der Literaturinhalte nicht rechtzeitig aufgefangen werden kann und gegenüber dem öffentlichen Eigentum keine Sorgfalt entwickelt wird, hat die Verlagerung auf die privaten Haushalte eine nicht zu verkennende innovationssichernde und erzieherische Komponente. Insgesamt ist allerdings davon auszugehen, dass ein weiterer Bedeutungsverlust der klassischen Lernmittel stattfinden wird und die Verbreitung netzbasierter Informations- und Kommunikationstechniken mit erheblich höheren Kosten stattfinden wird. Hier ist Vorsorge zu treffen, die z. Zt. seriös nicht geschätzt werden kann, aber zweifellos zusätzliche Überlegungen hinsichtlich der Lastenverteilung nach sich zieht. Für einkommensschwache Haushalte gilt, dass deren Kinder wertgleich mit Lernmitteln zu versorgen sind. Deren Finanzierung muss Bestandteil eines Bildungsversorgungssystems sein (Bildungskonten).

8.2. Jugendalter

8.2.0. Das Jugendalter nach „Bildung neu denken! Das Zukunfts-projekt"

Die Lebensphase des Jugendalters ist aufgrund ihrer biologischen, sozialen und kognitiven Veränderungen für das Individuum die wichtigste Entwicklungsphase. In ihr entscheiden sich die Zukunft eines gesunden Körpers, einer ausbalancierten Identität und einer arbeitsbefähigenden kognitiven Kompetenz. Das Bildungssystem muss für diese Lebensphase deshalb geeignete Mittel der Körpererziehung, der Werteerziehung und einer auch arbeitsorientierten Wissens- und Kompetenzvermittlung vorhalten.

Empfehlungen für das Jugendalter

Die Lebens- und Lernphase des Jugendalters umfasst etwa das dritte Lebensjahrsiebt, vom vollendeten 14. Lebensjahr bis zum vollendeten 21. Lebensjahr. Markantestes Entwicklungsereignis ist die Geschlechtsreife mit ihren vielfältigen Folgen für die Persönlichkeitsentwicklung des Menschen. In dieser Phase werden die wichtigsten Merkmale der persönlichen Identität herausgebildet. Zu ihr gehören Geschlechtsidentität, Werteentwicklung und Verhaltenssicherheit, Arbeitsorientierung, aber auch kognitive Ausdifferenzierungen. Damit sind komplexere, weil hypothetische, abstrakte und mehrdimensionale Denkformen gemeint sowie die Fähigkeit, Denken und Lernen selbst zu thematisieren. Dieser Identitätsaufbau ist die Voraussetzung für die Bewältigung der weit reichenden Entwicklungsaufgaben in der Statuspassage Jugendalter. In ihr entscheidet sich die Entfaltung der sozialen Beziehungen im Übergang vom Elternhaus zur selbständigen Position in Beruf, Familie und Peer-Beziehungen zu Gleichaltrigen.

Für das Bildungssystem ergibt sich daraus neben der Beförderung von Wissens- und Kompetenzerwerb die Aufgabe, Jugendliche auf ihrem Weg in Beruf, Gesellschaft und soziale Beziehungen so zu unterstützen, dass sie einerseits selbstbestimmt, andererseits aber auch sozial verpflichtet ihre Zukunftsentscheidungen treffen.

Das Leitbild des Lernens im Jugendalter ist eine konsequente Fortentwicklung des für das Kindesalter entworfenen Konzepts. Der jugendliche Lerner qualifiziert sich auf einem von drei Wegen für eine rechtzeitige berufliche Tätigkeit. Das Lernen zeichnet sich je nach Ausbildungsweg durch eine unterschiedliche Affinität zu bestimmten Berufen, Berufsfeldern oder Berufsorientierungen aus, ist in jedem Fall

Das Leitbild des flexibel qualifizierten Jugendlichen

aber nicht arbeits- und wirklichkeitsfern. Der Jugendliche bereitet sich auf eine Biografie vor, die nicht ohne Risiken ist, eine erhebliche Flexibilität erfordert, bei ausreichender Initiative und Verantwortungsfähigkeit jedoch große Chancen bietet. Die strikte Trennung zwischen Arbeit und Freizeit existiert für den qualifizierten Jugendlichen nicht mehr. Seine personalen, sozialen und kommunikativen Fähigkeiten kommen am Arbeitsplatz, im lebenslangen Lernen und im privaten Lebensvollzug in gleicher Weise zur Anwendung.

Drei Qualifikations-
typen

In der Lernphase des Jugendalters sollen drei Qualifikationstypen angeboten werden:

- Berufs- bzw. berufsfeldbezogene „doppelte" Arbeitsqualifikation im Betrieb bzw. in der Teilzeitberufsschule,

- wissenschaftsorientierte Arbeitsqualifikation, berufsübergreifend im Gymnasium,

- wissensbasierte, kompetenzorientierte und werteverpflichtete Lebenslaufqualifikation an allen Bildungsorten des Jugendalters.

Berufs- bzw. berufsfeldbezogene „doppelte" Arbeitsqualifikationen sollen konsequent handlungs- und betriebsbezogen angeboten werden. Die Berufsschule soll dabei die arbeitsbefähigenden Inhalte anbieten, für deren Vermittlung im Betrieb die Zeit oder die Kompetenz nicht ausreicht. Dazu können gehören u. a. Kompetenzerweiterung in der Verkehrssprache sowie einer Fremdsprache, in mathematischen Modellierungsformen und naturwissenschaftlichen Grundlagen, Kompetenzerwerb in dienstleistungsbezogenen Feldern, im IT-Bereich etc. Die Berufsausbildung ist nun eine doppelte: praktisch und theoretisch, handlungs- und wissensbezogen, immer auf Arbeit ausgerichtet. Auch die Berufsfeldschulen müssen konsequent auf die Vermittlung von Arbeitsqualifikationen ausgerichtet werden.

Die arbeitsbezogene Ausbildung in Betrieb und Berufsschule sowie die arbeitsfeldbezogene Ausbildung in der Berufsfeldschule werden daher vertikal ergänzt durch eine berufsübergreifende wissenschaftsorientierte Arbeitsqualifikation in der gymnasialen Oberstufe.

Das Curriculum der gymnasialen Oberstufe wird dafür konsequent umzugestalten sein. Es besteht aus zwei Grundelementen, der wissenschaftsübergreifenden Qualifizierung und der hochschulfachbezogenen Bildung. Das erste Element bietet eine konzentrierte, anspruchs-volle und vertiefte Vermittlung von Basiskompetenzen, die für ein akademisches Studium unablässig sind. Das zweite Element des Curri-culums der gymnasialen Oberstufe sieht das Studium bestimmter Fächergruppen vor, insbesondere solcher, die traditionellerweise nicht im Gymnasium angeboten werden, wie Biowissenschaften, Mathema-tik-/Ingenieurwissenschaften, Kulturwissenschaften, Wirtschaftswis-senschaften, Rechts- und Staatswissenschaften, Human- und Sozial-wissenschaften.

Wissensbasierte, kompetenzorientierte und wertverpflichtete Lebenslaufqualifikationen entwickeln sich in Schulen, Betrieben und außerschulischen Aktivitäten. Diese Qualifikationen sollen durch fort-geführte Vermittlung von Weltwissen, reflektierten Vollzug von sozi-alen Handlungen am Arbeitsplatz und in der Schule sowie durch Aus-einandersetzung mit Wertvorstellungen und -erwartungen der Gesell-schaft erworben werden.

Das Zivile Pflichtjahr wird für die Jugendlichen nach dem vollen-deten 17. Lebensjahr empfohlen. Dieses Zivile Pflichtjahr ist ein Aus-bildungsbestandteil. Um diesen Charakter sicherzustellen, sollen grundsätzlich nur öffentliche Einrichtungen Arbeitsorte des Zivilen Pflichtjahres sein. Dort muss gewährleistet sein, dass die Jugendlichen vor dem Eintritt in das Erwachsenenalter Gelegenheit finden, notwen-dige personale Schlüsselqualifikationen zu erwerben und zu vertiefen, indem die Möglichkeit zur Eigenerfahrung sowohl im Hinblick auf Verantwortungsfähigkeit und Leistungsbereitschaft als auch auf Stresserleben und Problemlösequalifikationen gegeben wird.

Ziviles Pflichtjahr

Mit der dritten Bildungsstufe innerhalb des Jugendalters, die auf die Sekundarstufe II und das Zivile Pflichtjahr folgt und etwa drei Jah-re umfasst, öffnen sich erneut verschiedene Wege, die der Jugendliche einschlagen kann: Neben der Einmündung in eine Erwerbstätigkeit steht eine Ausbildung durch ein Studium, das nach 6 Semestern mit einem Bachelor-Grad abschließt und an Fachhochschulen, Berufsaka-demien und Undergraduate-Bereichen der Universitäten stattfindet. Die Berechnungen zu finanziellen Auswirkungen der Empfehlungen von „Bildung neu denken! Das Zukunftsprojekt" im Bereich des Stu-diums schließen in diesem Kapitel neben dem Bachelor-Studium auch das darauf folgende Master-Studium ein, das eigentlich in die Phase des frühen Erwachsenenalters fällt.

Während für die Lernphase Kindesalter ein nationales Bildungskonzept erwartet wird, gilt dies in der Lernphase Jugendalter lediglich für wissenschaftsorientierte Arbeitsqualifikationen sowie für Lebenslaufqualifikationen. Hinsichtlich der Arbeitsqualifikationen für Berufe und Berufsfelder ist eine Dezentralisierung und Deregulierung erforderlich.

8.2.1. Finanzielle Auswirkungen der Empfehlungen im Bereich von Doppelter Berufsausbildung / Berufsfeldschule / Gymnasialer Oberstufe

Die Lernphase Jugendalter gliedert sich in drei Züge, und zwar die Doppelte Berufsausbildung, die Berufsfeldschule sowie die gymnasiale Oberstufe.

Ausbildungsverpflichtung für alle Jugendlichen

Die bisherige Berufsschulpflichtregelung wird durch eine Ausbildungsverpflichtung für alle Jugendlichen im Umfang von drei Jahren nach der zehnjährigen Allgemeinbildungsphase ersetzt. Die bisherige, an die Vollzeitschulpflicht anschließende Berufsschulpflicht sieht eine Schulpflicht vor, die bis zur Vollendung des 18. Lebensjahres reicht und durch die Teilnahme an einer Berufsausbildung, durch ein reguläres Arbeitsverhältnis, den Besuch einer gymnasialen Oberstufe oder eines berufsvorbereitenden Schuljahres erfüllt werden kann.

Indem die bisherige Berufsschulpflicht durch eine Ausbildungsverpflichtung ersetzt wird, erhöht sich tendenziell die Zahl der Bildungsteilnehmer, denn es fällt die Möglichkeit weg, die Berufsschulpflicht durch Aufnahme einer Beschäftigung zu erfüllen. Allerdings ist nicht bekannt, wie hoch der Anteil der Personen bisher ist, die nach Abschluss der Vollzeitschulpflicht keine Schule mehr besuchen.

Wie groß die Aufgabe in diesem Bereich möglicherweise ist, wird deutlich, wenn man sich die gegenwärtige Qualifikationsstruktur der Bevölkerung vor Augen hält. In Tabelle 8.2-1 ist die Bevölkerung in Deutschland aufgeteilt nach dem (höchsten) erreichten allgemein bildenden Schulabschluss sowie nach dem (höchsten) beruflichen beziehungsweise Hochschulabschluss. Die Daten beziehen sich auf die Altersgruppe 30 bis 40 Jahre im Jahr 2002. Danach haben 5,8% dieser Bevölkerungsgruppe angegeben, über keinen allgemein bildenden Schulabschluss zu verfügen (100 minus 94,2%), 19,1% verfügen über keinen beruflichen Abschluss.

		Bevölkerung 30 bis 40 Jahre	
		in 1000	in %
Zusammen		12.876	100,0
mit Angabe eines allgemeinen Schulabschlusses		12.128	94,2
davon mit	Haupt- (Volks)-schulabschluss	3.746	29,1
	Abschluss der allgemeinen polytechnischen Oberstufe DDR	1.613	12,5
	Realschul- oder gleichwertiger Abschluss	3.121	24,2
	Fachhoch-/Hochschulreife	3.649	28,3
mit Angabe eines Ausbildungsabschlusses		10.411	80,9
davon durch	Berufliches Praktikum	158	1,2
	Lehrausbildung	7.055	54,8
	Meister-, Techniker-, Fachschulabschluss	962	7,5
	Fachschule DDR	203	1,6
	Verwaltungsfachhochschule	130	1,0
	Fachhochschule	734	5,7
	Universität/Promotion	1.169	9,1

Tabelle 8.2-1: Bevölkerung in Deutschland nach dem höchsten allgemein bildenden und dem höchsten beruflichen Abschluss

Die Empfehlungen sehen vor, dass auf die drei Bildungszüge doppelte Berufsausbildung, Berufsfeldschule und gymnasiale Oberstufe in der Sekundarstufe II je etwa ein (Leistungs-)Drittel eines Jahrgangs entfällt. Mit einer Abiturientenquote von gegenwärtig 23,7% der altersgleichen Bevölkerung (allgemeine Hochschulreife an allgemein bildenden Schulen) wird der angestrebte Anteil für die gymnasiale Oberstufe heute bei weitem nicht erreicht. Bezieht man jedoch auch die an beruflichen Gymnasien erzielte allgemeine Hochschulreife und die Fachhochschulreife ein, dann beträgt die breiter abgegrenzte Abiturientenquote gegenwärtig fast 40% eines Altersjahrgangs, eine aus den Empfehlungen resultierende Erhöhung der Bildungsbeteiligung in der oberen Leistungshälfte ist insofern nicht erforderlich. An dieser Stelle ist darauf hinzuweisen, dass vorgeschlagen wird, das bisherige System der Hochschulzugangsberechtigung durch ein neues System zu ersetzen, das Elemente von (schulischer) Hochschulreife und Hochschulaufnahmeverfahren kombiniert.

Bei dem unteren Leistungsdrittel muss die Bildungsbeteiligung dagegen deutlich erhöht werden, um den Empfehlungen gerecht zu werden. Selbst wenn von den knapp 20% der Bevölkerung ohne beruflichen Abschluss etwa ein Drittel durch „Abbrecher" auf höheren Qualifikationsstufen zu erklären ist und ein weiteres Drittel durch Besucher von Berufsvorbereitungsjahren, um die Berufsschulpflicht zu erfüllen, so verbleiben doch etwa 7% der entsprechenden Altersjahrgänge, die bisher in diesem Lebensabschnitt keine Schule besuchen. Durch die Realisierung der Empfehlungen von „**Bildung neu denken! Das Zukunftsprojekt**" würden sich die Teilnehmerzahlen entsprechend erhöhen.

Für die folgende Berechnung der finanziellen Auswirkungen von „**Bildung neu denken! Das Zukunftsprojekt**" im Bereich des Jugendalters ist davon auszugehen, dass nach Realisierung der Empfehlungen der Anteil der Besucher der gymnasialen Oberstufe auf dem heutigen Niveau von 40% verbleibt, während auf die doppelte Berufsausbildung und auf die Berufsfeldschule jeweils 30% eines Jahrganges entfallen, wobei der Anteil der Teilnehmer an der doppelten Berufsausbildung gegenüber dem heutigen Zustand unverändert ist und der Anteil der Besucher der Berufsfeldschule sich um 7% auf 30% erhöht. Die zuletzt genannte Erhöhung des Anteils der Teilnehmer an Berufsfeldschulen ist im Hinblick auf ihre statistische Basis nur schwach abgesichert. Insgesamt werden die Einrichtungen der Sekundarstufe II von 2,1 Mio. Teilnehmern besucht.

Nach den Empfehlungen von „**Bildung neu denken! Das Zukunftsprojekt**" wird sich in der doppelten Berufsausbildung durch Einbeziehung der bisher „unbeschulten" Personen das durchschnittliche Leistungsniveau gegenüber dem bisherigen Leistungsniveau der Teilnehmer an der dualen Berufsausbildung tendenziell verringern.

Ausgaben pro Teilnehmer heute zwischen 2.100 € und 5.400 €

Die durchschnittlichen Ausgaben pro Teilnehmer betragen für das Gymnasium (alle Jahrgänge) gegenwärtig 5.200 Euro. Für die weitere Berechnung wird angenommen, dass die gegenwärtigen Ausgaben pro Schüler in der gymnasialen Oberstufe 5.400 Euro betragen.

Bei der beruflichen Bildung sind zwei Ausgabenelemente zu berücksichtigen. Für den Besuch der Berufsschule weist die Statistik Ausgaben pro Teilnehmer in Höhe von 2.100 Euro nach. Der Betrag ist im Vergleich zu den Ausgaben pro Teilnehmer für Vollzeitschulen gering, die Ursache dafür besteht darin, dass die Auszubildenden sich gegenwärtig zwei Tage in der Woche in der Berufsschule aufhalten, während die Vollzeitschüler an fünf Wochentagen unterrichtet werden. Das andere Element sind die Ausgaben der Ausbildungsbetriebe im Rahmen der dualen Ausbildung. Sie betragen im Durchschnitt 8.166 Euro pro Auszubildenden im Jahr. In diesem Betrag sind weder die Personalkosten der Auszubildenden (Ausbildungsvergütung und Sozialleistungen) noch die Erträge der produktiven Arbeit der Auszubildenden enthalten. Einbezogen sind die Personalkosten der Ausbilder einschließlich der Personalkosten für nebenberufliche Ausbilder (5.893

Euro), die Anlage- und Sachkosten (545 Euro) sowie die sonstigen Kosten (1.728 Euro), bei denen die betriebsinterne Ausbildungsverwaltung am stärksten zu Buche schlägt. Es handelt sich dabei in dem Sinne um Brutto-Ausgaben, als die indirekte Beteiligung des Staates an den Ausgaben der ausbildenden Betriebe durch steuerliche Berücksichtigung der Ausgaben für Bildung als **Betriebsausgaben** und die entsprechenden steuerlichen Mindereinnahmen nicht gegengerechnet sind. Für die gegenwärtigen Ausgaben pro Schüler in der Berufsfeldschule gibt es keine statistischen Angaben, im Weiteren wird mit Ausgaben von 5.100 Euro gerechnet, wie sie gegenwärtig für die Hauptschule bestehen.

Die Empfehlungen von „Bildung neu denken! Das Zukunftsprojekt" sehen im Einzelnen vor,

Empfehlungen für
die Sekundarstufe II

- in der Berufsfeldschule und der gymnasialen Oberstufe die Unterrichtszeit auf die übliche Arbeitszeit eines Vollzeiterwerbstätigen auszudehnen, die etwa 8 Stunden am Tag beträgt. Damit sind die Besucher der beiden Schularten zeitlich ebenso stark beansprucht wie die Teilnehmer an der doppelten Berufsausbildung. Die durchschnittliche effektive Arbeitszeit pro Woche von Vollzeitarbeitnehmern beträgt in Deutschland rund 40 Stunden;

- die Ferienzeiten in nichtbetrieblicher Ausbildung auf die Länge der Ferienzeiten von Jugendlichen in betrieblicher Ausbildung zu reduzieren;

- den Berufsschulbesuch im doppelten System auf einen Wochentag zu verkürzen;

- den Einsatz von Multimedia bis hin zu Lehrer ersetzenden interaktiven Systemen weiter auszubauen;

- die Beschaffung individueller Lernmedien in die Verantwortung des Lernenden zu übergeben;

- ein System individueller Lernlaufbahnberatung und Berufsberatung zu etablieren, indem Schulen und Arbeitsämter eng kooperieren;

- alle Bildungseinrichtungen generell alle fünf Jahre zu evaluieren und zu zertifizieren.

In Bezug auf die doppelte Berufsausbildung wird vorgeschlagen, die bisher bestehende Ausbildungsvergütung der Auszubildenden einschließlich der damit verbundenen gesetzlichen und freiwilligen Sozialleistungen entfallen zu lassen. Damit wird zum einen der Charakter der Ausbildung als Ausbildung und nicht als produktive Tätigkeit betont. Zum anderen werden die Auszubildenden in der doppelten Berufsausbildung im Hinblick auf den eigenen Beitrag zum Lebensunterhalt den beiden anderen Bildungsgängen, der Berufsfeldschule und der gymnasialen Oberstufe, gleichgestellt. Damit vermindern sich die Opportunitätskosten weiterer Bildungsanstrengungen, und der Anreiz für das mittlere Leistungsdrittel erhöht sich, die Berufsfeldschule oder die gymnasiale Oberstufe statt der doppelten Berufsausbildung zu wählen. Zum Dritten können die Unternehmen die eingesparten Ausbildungsvergütungen für andere Bildungsausgaben, insbesondere in der Weiterbildung, verwenden.

Wegfall der Ausbildungsvergütung: Einsparungen von 5,2 Mrd. €

Die durchschnittlichen Personalkosten der Auszubildenden im dualen System betragen 8.269 Euro pro Jahr. Sie gliedern sich auf in die durchschnittliche Ausbildungsvergütung von 6.042 Euro, die gesetzlichen Sozialleistungen (Arbeitgeberbeiträge zur gesetzlichen Renten-, Kranken- und Arbeitslosenversicherung) von 1.466 Euro und die tariflichen und freiwilligen Sozialleistungen von 761 Euro, jeweils pro Auszubildendem und Jahr. Bei einer Jahrgangsstärke von 700.000 Personen, einem Anteil der Teilnehmer an der doppelten Berufsausbildung von 30% und einer Ausbildungsdauer von drei Jahren sind 630.000 Personen von dem Wegfall der Ausbildungsvergütung tangiert. Die Ausgaben der Unternehmen vermindern sich um 5,212 Mrd. Euro. Davon werden von den privaten Haushalten 4,28 Mrd. Euro und von den Sozialversicherungen 924 Mio. Euro in Form von Mindereinnahmen getragen. Von dem Wegfall der Ausbildungsvergütungen und der Personalnebenkosten sind die Ausgaben der ausbildenden Betriebe für Bildung im engeren Sinne, wie oben beschrieben, nicht betroffen.

Würden die Lebenshaltungskosten der Bildungsteilnehmer, die älter als 14 Jahre sind, mit zu den Bildungsausgaben gerechnet werden, dann wären einerseits die Ausbildungsvergütung der Auszubildenden, die den Lebensunterhalt deckt, und andererseits entsprechende Unterhaltsausgaben der Teilnehmer an der Berufsfeldschule und an der gymnasialen Oberstufe einzubeziehen.

Als erstes zusätzliches Ausgabenelement ist die erhöhte Teilneh- merzahl in der Berufsfeldschule zu berücksichtigen. Gemäß den oben erläuterten Annahmen zur Bildungsbeteiligung in diesem Bildungsab- schnitt wird sich bei Realisierung der Empfehlungen von „Bildung neu denken! Das Zukunftsprojekt" die Teilnehmerzahl in der Berufsfeld- schule von heute 23% auf 30% eines Jahrganges erhöhen. Bei einer Jahrgangsstärke von 700.000 Personen und drei Schuljahren sind das 147.000 Schüler. Bei Ausgaben pro Teilnehmer in Höhe von 5.100 Euro resultieren daraus zusätzliche Ausgaben in Höhe von 750 Mio. Euro. Im Folgenden wird bei der Berufsfeldschule stets von der erhöhten Teilnehmerzahl ausgegangen.

Berufsfeldschule: Mehrkosten von 750 Mio. € durch erhöhte Teilnehmer- zahl

Für die Berufsfeldschule und für die gymnasiale Oberstufe hat die Verlängerung der Unterrichtszeit auf die Arbeitszeit der Erwerbstäti- gen höhere Ausgaben pro Teilnehmer zur Folge. Einer Arbeitszeit von 8 Stunden pro Tag entspricht eine Unterrichtszeit von 9 Unterrichts- stunden pro Tag oder 45 pro Woche, wenn man die Pausen zwischen den Unterrichtsstunden zur Unterrichtszeit rechnet. Gegenüber der heutigen Unterrichtszeit von durchschnittlich 35 Stunden ist dies eine Ausweitung um 29%. Dem entsprechend erhöhen sich die Aus- gaben pro Teilnehmer in der Berufsfeldschule und in der gymnasialen Oberstufe jeweils um den Faktor 1,29.

Ausgabenerhöhung durch neue Unter- richtszeiten um 3,6 Mrd. €

Für die Berufsschule im Rahmen der doppelten Berufsausbildung wirken im Hinblick auf die Zahl der wöchentlichen Unterrichtsstunden zwei Empfehlungen zusammen. Einerseits wird empfohlen, die Be- rufsschule von allgemein bildenden Aufgaben zu entlasten und den Berufsschulunterricht auf einen Wochentag zu beschränken. Anderer- seits wird die Unterrichtszeit an dem Schultag wie bei den beiden anderen Bildungszügen auf 9 Unterrichtsstunden erhöht. Zusammen genommen vermindert sich die in Unterrichtsstunden gemessene Unterrichtszeit an der Berufsschule in der dualen Ausbildung von heu- te durchschnittlich 13,5 Stunden auf 9 Stunden, also um ein Drittel. Damit vermindern sich die Ausgaben für den schulischen Teil der dop- pelten Ausbildung um ein Drittel.

Auf die gleiche Weise wie die Verlängerung der wöchentlichen Unterrichtszeit wirkt die Empfehlung, die Schulferienzeit auf die Fe- rienzeit von Erwerbstätigen zu begrenzen. Die durchschnittliche Dau- er des Erholungsurlaubs bei Erwerbstätigen beträgt etwa 28 Tage oder knapp 6 Wochen im Jahr, während die Schulferien etwa 13 Wochen umfassen. Für die Teilnehmer an der doppelten Berufsausbildung hat die Empfehlung keine Auswirkung, da sie die schulfreien Tage im Ausbildungsbetrieb verbringen. Die Teilnehmer an der Berufsfeldschule und an der gymnasialen Oberstufe sind dagegen betroffen. Bei ihnen erhöhen sich die Ausgaben pro Teilnehmer durch die Verlängerung der Unterrichtszeit von jetzt 39 Wochen auf 46 Wochen im Jahr um jeweils 18%. Bei den Berufsfeldschulen und für die gymnasiale Oberstufe erhöhen sich die Ausgaben pro Teilnehmer damit jeweils um den Faktor 1,18.

Zusammen genommen resultieren aus der Veränderung der täglichen und der jährlichen Unterrichtszeit die folgenden finanziellen Auswirkungen: In dem schulischen Anteil der doppelten Berufsausbildung vermindern die Ausgaben pro Teilnehmer sich von 2.100 um 700 auf 1.400 Euro, bei 630.000 Teilnehmern vermindern sich die absoluten Ausgaben um 441 Mio. Euro. In der Berufsfeldschule erhöhen die Ausgaben pro Teilnehmer sich von 5.100 um 2.700 auf 7.800 Euro, die zusätzlichen Ausgaben betragen bei 630.000 Teilnehmern 1.701 Mio. Euro. Für die gymnasiale Oberstufe verändern die Ausgaben pro Teilnehmer sich von 5.400 um 2.800 auf 8.200 Euro, bei 840.000 Teilnehmern belaufen die zusätzlichen Ausgaben sich auf 2.352 Mio. Euro. Insgesamt erhöhen sich die Ausgaben durch diese Maßnahmen um 3.612 Mio. Euro im Jahr.

Mehrkosten durch privaten Erwerb der Lehrmittel von 178 Mio. €

Wie bei der Primarschule und der Sekundarstufe I sollen auch in der Sekundarstufe II die Lernenden für den Erwerb der individuell genutzten Lehrmittel selbst verantwortlich sein. Das betrifft die Teilnehmer an Berufsfeldschulen und an der gymnasialen Oberstufe, weil für die Teilnehmer an der doppelten Berufsausbildung die entsprechenden Ausgaben bereits weitgehend in den Ausgaben der ausbildenden Betriebe enthalten sind. Die gegenwärtigen öffentlichen Ausgaben für Lehrmittel werden wie bei der Primarschule und der Sekundarstufe I mit 20 Euro pro Teilnehmer angesetzt. Erforderlich für eine angemessene und aktuelle Ausstattung der Schüler sind etwa 140 Euro pro Schüler und Jahr. Bei 630.000 Teilnehmern der Berufsfeldschule und 840.000 Teilnehmern der gymnasialen Oberstufe vermindern sich einerseits die öffentlichen Ausgaben um insgesamt 29 Mio. Euro. Andererseits erhöhen sich die Ausgaben der privaten Haushalte um 206 Mio. Euro. Durch den erforderlichen sozialen Ausgleich, der zwischen 5% und 10% der Teilnehmer betrifft, erhöhen sich die öffentlichen Ausgaben um etwa 15 Mio. Euro, die Ausgaben der privaten Haushalte vermindern sich in gleichem Umfang. Per Saldo vermindern die öffentlichen Ausgaben sich um 14 Mio. Euro, die privaten Ausgaben erhöhen sich um 192 Mio. Euro.

An den Schulen, einschließlich der Berufsschulen im Rahmen der doppelten Berufsausbildung, ein System individueller Lernlaufbahnberatung und Berufsberatung zu etablieren, das Umwege und Fehleinschätzungen seitens der Lernenden zu vermeiden hilft, vermindert die Zahl der Ausbildungsabbrecher auf der Ebene der Sekundarstufe II und bei weiterführenden Bildungsgängen, erhöht den Anteil der erfolgreichen Absolventen und verkürzt bei besserem Ergebnis die Aufenthaltsdauer im Bildungssystem. Überschlägig sind für die Beratung 100 Euro pro Schüler und Jahr anzusetzen. Bei 2,1 Mio. Schülern auf dieser Bildungsstufe resultieren daraus zusätzliche Ausgaben in Höhe von 210 Mio. Euro.

Ausgaben für Beratung 210 Mio. €

Nicht zu vernachlässigen sind darüber hinaus die erhöhten Ausgaben für eine deutlich verbesserte Ausstattung aller Schulen mit Informationstechnik. In der Sekundarstufe II sollte für je 3 Schüler ein IT-Arbeitsplatz vorgehalten werden. Dabei ist zu berücksichtigen, dass die Teilnehmer an der doppelten Berufsausbildung nur einen Tag in der Woche die Schule besuchen, so dass ein Arbeitsplatz von 15 Schülern genutzt werden kann. Einzurichten sind dann für die Teilnehmer an der doppelten Berufsausbildung 42.000 IT-Arbeitsplätze, für die Teilnehmer an der Berufsfeldschule 210.000 IT-Arbeitsplätze und für die Teilnehmer an der gymnasialen Oberstufe 280.000 IT-Arbeitsplätze, zusammen 532.000 Plätze. Bei durchschnittlichen Ausgaben pro Platz und Jahr von rund 1.000 Euro belaufen sich die zusätzlichen Ausgaben auf 532 Mio. Euro. Dabei wurde, wie bei den anderen Bildungsstufen, von einer durchschnittlichen Lebensdauer der Geräte von 4 Jahren ausgegangen, außerdem schließen die berechneten Ausgaben neben der Anschaffung der Endgeräte, anderer Peripherie und der Netzwerkkomponenten auch die laufenden Kosten für Wartung und Administration sowie für den Internetzugang ein.

532 Mio. € pro Jahr für IT-Arbeitsplätze

Für eine regelmäßige Evaluation und Zertifizierung der Schulen der Sekundarstufe II ohne die ausbildenden Stellen der doppelten Berufsausbildung ist mit Ausgaben in Höhe von 20 Euro pro Teilnehmer und Jahr zu rechnen. Wenn die Evaluationen alle fünf Jahre durchgeführt werden, entstehen bei einer mittelgroßen Einrichtung mit 300 Teilnehmern pro Evaluation Ausgaben in Höhe von 30.000 Euro. Für den gesamten Bereich der Sekundarstufe II betragen bei 2.100.000 Teilnehmern die Ausgaben für Evaluation 42 Mio. Euro pro Jahr.

42 Mio. € pro Jahr für regelmäßige Evaluierung

Erhöhung der
Ausgaben in der
Sekundarstufe II um
5,3 Mrd. €

Zusammenfassend erhöhen sich bei Realisierung der Empfehlungen von „Bildung neu denken! Das Zukunftsprojekt" die Ausgaben für Bildung im Bereich der Sekundarstufe II um 5,3 Mrd. Euro. Den höchsten Anteil daran haben die Auswirkungen der Vorschläge zur Ausweitung der Unterrichtsdauer. Bei dem Wegfall der Ausbildungsvergütung in der doppelten Berufsausbildung handelt es sich um eine folgenreiche Veränderung in der Finanzierung: Da die Ausbildung in der Regel nicht mit geldwerten Arbeitsleistungen verbunden sein soll, werden die Unternehmen durch den Wegfall der Ausbildungsvergütung zunächst entlastet, durch die spätere Zuständigkeitserweiterung für die Weiterbildung aber erneut belastet. Die privaten Haushalte werden aber trotzdem für Bildungsaufwendungen nicht belastet, da eine Berufsausbildung im reformierten System zu einem Zeitpunkt stattfindet, zu dem ohnehin eine Unterhaltspflicht der Eltern besteht, die in den gegenwärtigen, spät beginnenden Lernbiografien zumindest teilweise in die Sekundarstufe I fällt. Da es sich dabei aber nicht um Bildungskosten, sondern um Lebensunterhalt handelt, kann diese Frage in der Gesamtberechnung für das Bildungssystem und seine Kosten keine Rolle spielen.

Änderung/ Empfehlung	Bund	Länder	Gemeinden	Unternehmen	Private Haushalte	Sozialver-sicherungen	Gesamt
Sekundarstufe II	0	4.231	901	−5.210	4.478	924	5.324
Wegfall Ausbildungsvergütung				−5.210	4.286	924	0
Bildungsbeteiligung Berufsfeldschule		618	132				750
Veränderungen Unterrichtsdauer		2.978	634				3.612
Privater Erwerb von Medien		−12	−2		192		178
Beratung		173	37				210
Ausstattung Informationstechnik		439	93				532
Evaluation u. Zertifizierung		35	7				42

Tabelle 8.2-2: Übersicht über die finanziellen Auswirkungen im Bereich der Sekundarstufe II, Angaben in Mio. Euro

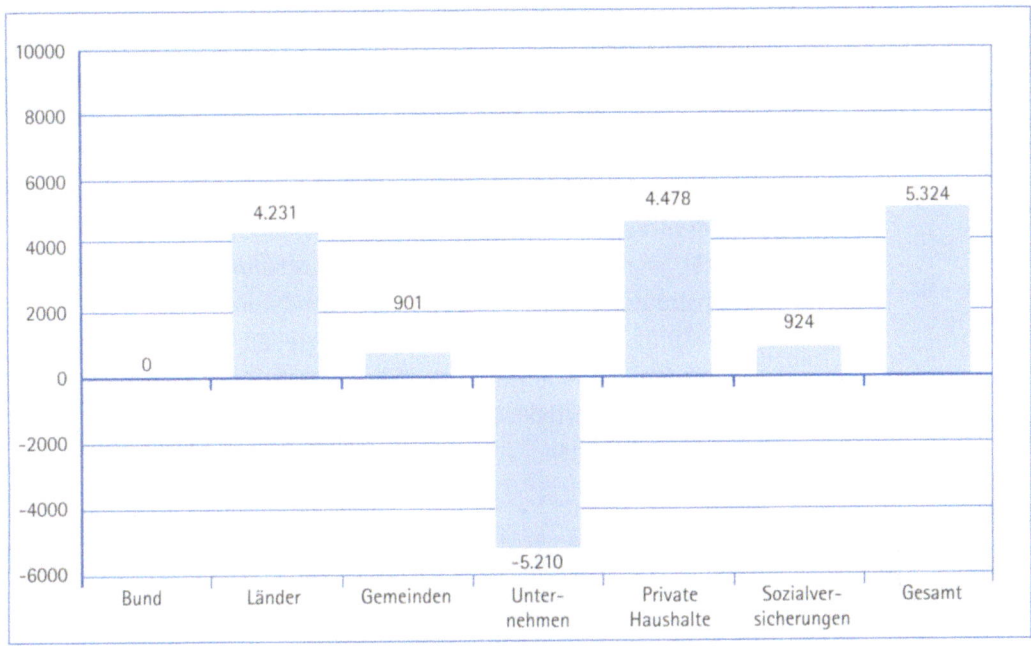

Abbildung 8.2-1: Veränderung der Ausgaben nach Trägern im Bereich der Sekundarstufe II, Angaben in Mio. Euro

Es ist nicht verkennbar, dass im Bereich der Sekundarstufe II erhebliche Mehrbelastungen entstehen werden. Bereits gegenwärtig sind die Pro-Kopf-Ausgaben in der Sekundarstufe II am höchsten, wobei eine ungleiche Gewichtung in den verschiedenen Bildungszügen vorliegt. Das Reformkonzept umschließt deshalb ein klares Bekenntnis zu einer öffentlich verantworteten und damit auch äquivalent zu finanzierenden Berufsausbildung im Doppelten System bzw. in der Berufsfeldschule. Den künftigen Facharbeitern und ihrer notwendigerweise vergleichbar höheren Qualifikation wird eine ebensolche Aufmerksamkeit gelten müssen wie der Herausbildung einer größeren und besseren Leistungselite. Aus diesem Grunde geht **„Bildung neu denken! Das Zukunftsprojekt"** von einer Gleichwertigkeit beruflicher und allgemeiner Bildung in der Sekundarstufe II sowohl in qualitativer als auch in Hinsicht auf den Subventionsbedarf aus. Angesichts der demografischen Entwicklung und der weiteren Herausforderungen sind die Vergrößerung einer Leistungselite und die merkliche Verkleinerung nicht Berufbildungsfähiger sowie eine qualitative Verbesserung der Berufsausbildung die entscheidenden Schlüssel für die Bewältigung einer äußerst kritischen Situation auf dem Bildungs- und Arbeitsmarkt in den nächsten 20 bis 30 Jahren. Deshalb wird auch zu einer Gleichbelastung privater Haushalte unabhängig vom Bildungsweg der Kinder über einen Ausgleich politisch verhandelt werden müssen. Dauerhaft ist die Tatsache unvertretbar, dass die Ausbildung in dem Teil der Vollzeitschulgänge, die gebührenpflichtig sind, im Gegensatz zur Vermittlung der allgemeinen Hochschulreife private Haushalte belastet, wohingegen die duale Berufsausbildung durch die Ausbildungsvergütung gegenwärtig zu einer Entlastung der privaten Haushalte führt. Diese ungleichen finanziellen Auswirkungen der verschiedenen Bildungszüge der Sekundarstufe II sind zu beseitigen, um eine Gleichwertigkeit in allen Formen beruflicher und allgemeiner Bildung herzustellen.

8.2.2. Finanzielle Auswirkungen der Empfehlungen im Bereich des Zivilen Pflichtjahrs

Mit der Einführung eines Zivilen Pflichtjahres für alle Jugendlichen, das etwa im Alter von 17 bis 18 Jahren geleistet werden soll, ist die Vorstellung eines vertieften Erwerbs von personalen Schlüsselqualifikationen verbunden.

Zusatzkosten Ziviles Pflichtjahr: 7,7 Mrd. €

In Bezug auf die finanziellen Auswirkungen dieser Empfehlung ist davon auszugehen, dass das Zivile Pflichtjahr ähnlich ausgestaltet sein wird wie der heutige Zivildienst. Es ist zu bedenken, dass es sich bei Realisierung der Empfehlung von **„Bildung neu denken! Das Zukunftsprojekt"** um Teilnehmerzahlen von jährlich 700.000 Personen handelt, wogegen der gegenwärtige Zivildienst etwa 100.000 Personen umfasst. Bei einer Vervielfachung des Bedarfs an Beschäftigungsmöglichkeiten für Teilnehmer des Zivilen Pflichtjahres, die den oben genannten Kriterien genügen sollen, sind entsprechende Konzepte noch auszuarbeiten, wobei neben dem Gesundheitsbereich möglicherweise gerade der Bildungsbereich vielfältige Anknüpfungsmöglichkeiten bietet, etwa in der Betreuung außerhalb der Unterrichtszeiten oder in Form von Assistententätigkeiten für Lehrende.

Ein Zivildienstleistender verursacht gegenwärtig Ausgaben von etwa 12.500 Euro pro Jahr, wovon ein Drittel auf die beschäftigende Stelle und zwei Drittel auf das Bundesamt für Zivildienst entfallen. Gegenwärtig (Jahr 2002) sind rund 112.000 Zivildienstleistende tätig. In Relation zu dem gegenwärtigen Umfang des Altersjahrganges der

18- bis 19-Jährigen von rund 918.000 Personen sind das 12%. Bei einer künftigen Jahrgangsstärke von 700.000 Personen entsprechen dem 84.000 Zivildienstleistende. Durch die Einführung des Zivilen Pflichtjahres kommen 616.000 Teilnehmer hinzu. Sie verursachen zusätzliche Ausgaben in Höhe von 7.700 Mio. Euro, von denen 5.140 Mio. Euro auf das Bundesamt für Zivildienst (den Bund) und 2.560 Mio. Euro auf die beschäftigenden Einrichtungen entfallen. Im Hinblick auf die Aufteilung der zusätzlichen Ausgaben, die nicht den Bund betreffen, wird angenommen, dass sie sich gleichmäßig auf die Länder und die Gemeinden verteilen.

Dabei sind Einsparungen in den öffentlichen Bereichen, in denen die Teilnehmer eingesetzt werden, nicht berechnet. Ebenfalls nicht berücksichtigt werden die finanziellen Auswirkungen, die durch den Übergang von der Wehrpflicht- auf eine Berufsarmee entstehen.

Das im Rahmen der Ausbildung vorgesehene Jahr verursacht Kosten, die mit Hilfe plausibler Annahmen quantifiziert werden können. Nicht seriös beziffern lässt sich dagegen der Nutzen, der mit dem Zivilen Pflichtjahr verbunden ist. Denn dieser hängt entscheidend davon ab, in welchen Bereichen die Jugendlichen eingesetzt werden.

Werden Aufgaben im Verantwortungsbereich der öffentlichen Hand wahrgenommen, die ohne das Zivile Pflichtjahr (aufgrund knapper Mittel) nicht erfüllt worden wären, entsteht mit dem Zivilen Pflichtjahr ein gesellschaftlicher Zusatznutzen. Bei staatlich bereit gestellten Dienstleistungen handelt es sich oft um so genannte öffentliche Güter, die sich einer sinnvollen monetären Bewertung entziehen. Eine Bewertung wäre in diesen Fällen in Höhe der vermiedenen Kosten möglich, die sich vom Zusatznutzen aber deutlich unterscheiden können.

Werden soziale Aufgaben – im privaten oder öffentlichen Bereich – wahrgenommen, die ohne das Zivile Pflichtjahr von „normalem" Personal erfüllt worden wären, müssten Annahmen darüber getroffen werden,

- wie produktiv die Jugendlichen im Zivilen Pflichtjahr im Vergleich zu den Normalbeschäftigten sind und wie viele Normalbeschäftigte ersetzt werden,

- ob die nun nicht beschäftigten Personen anderweitig tätig sind und mit welcher Produktivität im Vergleich zur sozialen Tätigkeit oder

- ob die nun nicht beschäftigten Personen arbeitslos sind und welche Kosten dadurch entstehen.

Die hier zu treffenden Annahmen unterliegen einer so großen Unsicherheit, dass eine belastbare Quantifizierung nicht möglich erscheint.

Änderung/ Empfehlung	Bund	Länder	Gemeinden	Unter- nehmen	Private Haushalte	Sozialver- sicherungen	Gesamt
Ziviles Pflichtjahr	5.140	1.280	1.280	0	0	0	7.700

Tabelle 8.2-3: Übersicht über die finanziellen Auswirkungen des Zivilen Pflichtjahres, Angaben in Mio. Euro

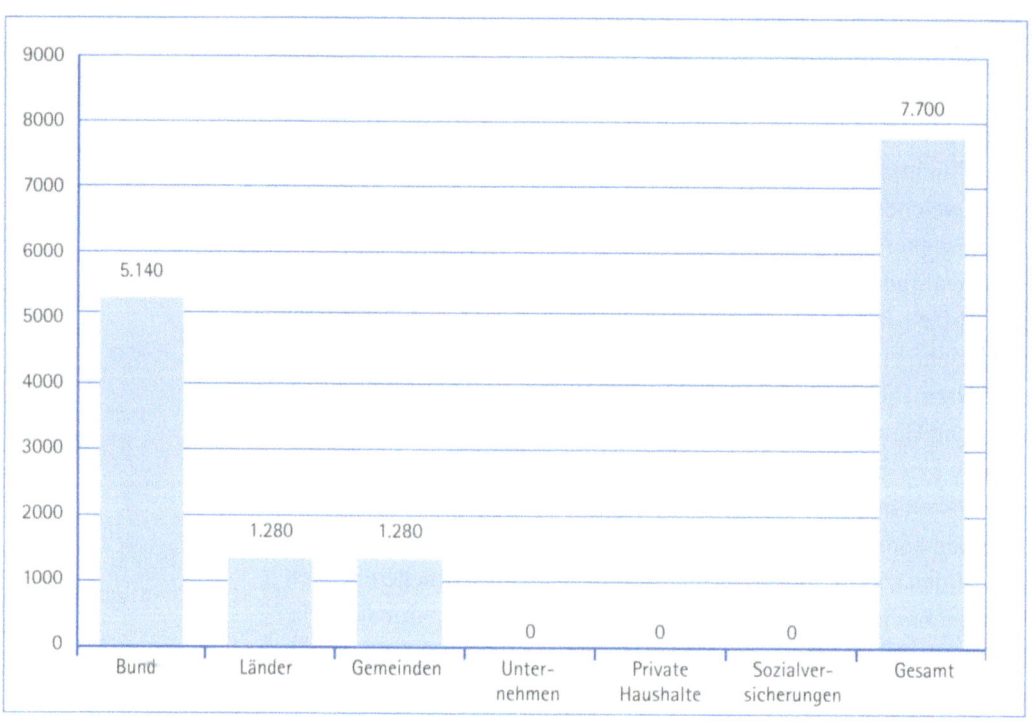

Abbildung 8.2-2: Veränderung der Ausgaben nach Trägern durch das Zivile Pflichtjahr, Angaben in Mio. Euro

Erschwerend kommt in dieser Frage hinzu, dass die Einführung eines Zivilen Pflichtjahres ohne eine Verfassungsänderung nicht realisiert werden könnte. Es ist nicht auszumachen, ob die politische Kraft eines Parteiensystems auch vor dem Hintergrund einer einwandstarken Länderkammer für eine solche Reform ausreichen würde. Sie steht im Übrigen in engem Zusammenhang mit einer Reform der Armee und einer Revision traditioneller Rollenvorstellungen, die der gegenwärtigen Verfassungsrealität in diesem Bereich zugrunde liegen. Danach wurde der „Dienst" als Mutter dem Dienst mit der Waffe im Hinblick auf die Verpflichtungen gegenüber der Gemeinschaft als gleichwertig angesehen. Diese Sichtweise hat eine gesetzliche Verpflichtung für Mädchen etwa im sozialen Bereich gar nicht in den Blick geraten lassen. Vor dem Hintergrund der Tatsache, dass beispielsweise rund 50% der Akademikerinnen, die in den sechziger Jahren des 20. Jahrhunderts geboren wurden, kinderlos geblieben sind, entstehen zweifellos Rückfragen an die soziale Gerechtigkeit und eine Gleichbehandlung unabhängig von der Geschlechtszugehörigkeit. Diese Fragen können indessen im Rahmen dieser Studie zur Bildungsfinanzierung nicht weiter verfolgt werden.

8.2.3. Finanzielle Auswirkungen der Empfehlungen im Bereich von Bachelor- und Masterstudium

Die tertiäre Bildung ist die dritte Bildungsstufe innerhalb des Jugendalters. Sie folgt auf die Sekundarstufe II und das Zivile Pflichtjahr und umfasst etwa drei Jahre. Für den Großteil eines Jahrganges steht die Einmündung in eine Erwerbstätigkeit und das damit einhergehende Training on the Job im Vordergrund. Eine gelungene Einmündung in die Erwerbstätigkeit ist eine wichtige Voraussetzung für den späteren erfolgreichen Verlauf der Erwerbstätigkeit. Ein etwa ebenso großer Teil eines Jahrganges wird seine Ausbildung durch ein Studium fortsetzen, das nach 6 Semestern mit einem Bachelor-Grad abschließt und an Fachhochschulen, Berufsakademien und Undergraduate-Bereichen der Universitäten stattfindet. Dazwischen steht der Bildungsgang der höheren Fachschulen, der im Weiteren zur Qualifizierung als Meister führt. Die Empfehlungen von **„Bildung neu denken! Das Zukunftsprojekt"** zu diesem Bildungsabschnitt beziehen sich überwiegend auf den Hochschulbereich und das dort angesiedelte Bachelor-Studium (sowie das darauf folgende Master-Studium). Die darauf gerichteten Empfehlungen mit finanziellen Auswirkungen bestehen in

- einer deutlichen Verkürzung der Studienzeiten gegenüber dem heutigen Zustand,

- einer deutlichen Verbesserung der Relation von Lehrenden und Lernenden,

- der Einführung einer höheren Beteiligung der Teilnehmer an den Kosten der Ausbildung, die sozialverträglich ausgestaltet wird,

- einer generellen regelmäßigen Evaluierung und Zertifizierung aller Bildungseinrichtungen.

In Bezug auf die Beteiligung an den drei genannten Bildungswegen bei Realisierung der Empfehlungen gehen wir von den folgenden Größenordnungen aus:

- Berufseinmündung, Training on the Job: 40% des Jahrgangs;

- höhere Fachschulen: 20% des Jahrgangs;

- Bachelor-Studium: 40% des Jahrgangs;

- Master-Studium: 20% des Jahrgangs (d.h. 50% der Bachelorabsolventen).

Für die Teilnahme an der höheren Fachschule bedeutet das eine Erhöhung um schätzungsweise 5% eines Altersjahrganges. Bei dem Bachelor-Studium ist der heutige Zustand durch eine Studienberechtigtenquote von knapp 40%, eine Studienanfängerquote von knapp 31% und eine Absolventenquote von gut 17% charakterisiert, wobei die Quoten jeweils durch den Bezug der nach Alter gegliederten Studienberechtigten, Studienanfänger und Absolventen auf die altersgleiche Bevölkerung berechnet sind. Eine vergleichbar berechnete „Studierendenquote" liegt nicht vor. Durch einfache Mittelwertbildung zwischen der Studienanfänger- und der Absolventenquote schätzen wir sie auf etwa 24%. Bei Realisierung der Empfehlungen von **„Bildung neu denken! Das Zukunftsprojekt"** werden alle Studienberechtigten ein Studium aufnehmen und es auch erfolgreich zu Ende führen. Geht man, wie oben im Abschnitt zur Sekundarstufe II ausgeführt, davon aus, dass für die Studienberechtigtenquote die Zielgröße bei den heutigen 40% liegt, dann resultiert für das Bachelor-Studium eine Erhöhung der Beteiligungsquote von heute 24% auf angestrebte 40% eines Jahrganges. Der erhöhten Beteiligung wirkt eine starke Verkürzung der durchschnittlichen Studiendauer entgegen. Sie beträgt gegenwärtig an den Universitäten 6 Jahre und an den Fachhochschulen 4 Jahre, wobei bei den Universitäten im gegenwärtigen Zustand auch der künftig gesonderte Bereich des Master-Studiums mit eingeschlossen ist.

Folgende Teilnehmerzahlen an den drei Bildungszügen ergeben sich bei jeweils 700.000 Personen pro Jahrgang und drei Jahrgängen:

- Im Bereich der Berufseinmündung und des Training on the Job: 840.000 Personen gegenüber 820.000 Personen bei heutigen Teilnahmequoten;

- Im Bereich der Höheren Fachschulen: 420.000 Personen gegenüber 315.000 Personen bei heutigen Teilnahmequoten;

- Im Bereich des Bachelor-Studiums: 840.000 Personen gegenüber 1.000.000 Teilnehmern bei heutigen Teilnahmequoten und heutiger Studiendauer. Da der „heutige" Zustand, wie bereits erwähnt, im Hinblick auf die Studiendauer das künftig getrennt davon gehaltene Master-Studium mit einschließt, werden im Folgenden die Teilnehmerzahlen für das Master-Studium mit berücksichtigt. Auf das Master-Studium entfallen nach den Vorstellungen von **„Bildung neu denken! Das Zukunftsprojekt"** etwa 20% eines Jahrganges bei einer Studiendauer von zwei Jahren. Anders ausgedrückt, wird von den Absolventen mit Bachelor-Abschluss etwa die Hälfte das darauf aufbauende Master-Studium beginnen. Das ergibt 280.000 Teilnehmer, so dass zusammen genommen die Teilnehmerzahlen an Bachelor- und an Masterstudiengängen bei 1.120.000 Personen liegen und um 120.000 Studierende höher sein werden als heute.

Keine Änderungen der Kosten bei der Berufseinmündung

Die durchschnittlichen Ausgaben pro Teilnehmer im Bereich der Berufseinmündung („Einarbeitungskosten") werden hier vernachlässigt, da sich die Teilnehmerzahl nur unwesentlich ändert und keine konkreten Anhaltspunkte zur Quantifizierung der Veränderung der Ausgaben pro Teilnehmer in Folge der Realisierung der Empfehlungen von **„Bildung neu denken! Das Zukunftsprojekt"** vorliegen.

Steigende Teilnehmerzahl an höheren Fachschulen: 536 Mio. € Mehrausgaben

Bei den höheren Fachschulen liegen keine spezifischen statistischen Angaben zu den Kosten pro Teilnehmer vor, es wird von durchschnittlichen Ausgaben von 5.100 Euro pro Teilnehmer ausgegangen. Bei Realisierung der Empfehlungen, die für die höheren Fachschulen die selben sind wie für die in Abschnitt 8.2.1 behandelten (Vollzeit-) Berufsfeldschulen, erhöhen die Ausgaben pro Teilnehmer sich in gleicher Weise, und zwar um 2.700 auf 7.800 Euro pro Teilnehmer. Allein durch die erhöhte Beteiligung (plus 105.000 Teilnehmer) entstehen bei Realisierung der Empfehlungen von **„Bildung neu denken! Das Zukunftsprojekt"** zusätzliche Ausgaben in Höhe von 536 Mio. Euro.

Qualitätsverbesserung an Fachschulen: 1,1 Mrd. € Mehrausgaben

Die erhöhten Ausgaben pro Teilnehmer, die sich auf die erhöhte Teilnehmerzahl beziehen, resultieren in zusätzlichen Ausgaben in Höhe von 1.134 Mio. Euro. Zusammen genommen ergeben sich im Bereich der höheren Fachschulen zusätzliche Ausgaben in Höhe von 1.670 Mio. Euro.

Mehrausgaben durch höhere Studierendenzahl: 763 Mio. €

Die durchschnittlichen Ausgaben für Lehre pro Studierenden betragen gegenwärtig 6.360 Euro. Durch die Veränderungen in der Bildungsteilnahme und in der Studiendauer (plus 120.000 Teilnehmer) und bei konstanten Ausgaben pro Studierenden wird die Realisierung der Empfehlungen von **„Bildung neu denken! Das Zukunftsprojekt"** in diesem Bereich zusätzliche Ausgaben in Höhe von 763 Mio. Euro zur Folge haben.

Hinzu kommt, dass empfohlen wird, die Relation von Lehrenden und Lernenden deutlich zu verbessern. Das hat erhebliche Auswirkungen auf die Ausgaben pro Studierenden. Nimmt man die Relation zwischen der Zahl der Studierenden (2001: 1,87 Mio. Personen) und der Zahl der Studienplätze (2001: 1,08 Mio. Plätze gemäß Hochschulbauförderungsgesetz) zum Maßstab für den notwendigen Umfang der Verbesserungen, dann erhöhen sich die Ausgaben pro Studierenden von gegenwärtig 6.360 Euro um den Faktor 1,73 beziehungsweise um 4.640 Euro auf 11.000 Euro. Das hat bei Realisierung der Empfehlungen zusätzliche Ausgaben von 5.200 Mio. Euro für die insgesamt 1.120.000 Studierenden in Bachelor- und in Masterstudiengängen zur Folge.

Verbesserte Relation Lehrende – Studierende: 5,2 Mrd. €

Wenn bei dem entsprechenden Ausbau der Hochschulen auf die Präferenzen der Studierenden in Bezug auf das Studienfach und den Studienort geachtet wird, dann ist eine zentrale Vergabe der Studienplätze nicht mehr erforderlich und die Ausgaben können wegfallen. Der Haushalt der Zentralstelle für die Vergabe von Studienplätzen beträgt gegenwärtig rund. 7 Mio. Euro.

Wegfall der ZVS spart 7 Mio. €

Bei der Einführung einer höheren Beteiligung der Teilnehmer an den Kosten der Ausbildung, die sozialverträglich ausgestaltet wird, kann an die bestehenden Regelungen zur Ausbildungsförderung angeknüpft werden. Dabei ist zunächst zu bedenken, dass Studierende gegenwärtig etwa ein Drittel ihrer Ausgaben für den Lebensunterhalt durch eigene Einkommen finanzieren, vorwiegend durch Erwerbstätigkeit. Das ist mit der angestrebten zeitlichen Straffung der Ausbildung nicht vereinbar. Abhilfe kann etwa durch Anhebung der Bedarfssätze beim BAföG und darüber hinaus durch erweiterte Möglichkeiten zum Erhalt unverzinslicher Staatsdarlehen geschaffen werden.

Der BAföG-Bedarfssatz für einen nicht bei den Eltern wohnenden Studierenden, der den Grundbedarf und den Wohnbedarf umfasst, lag Mitte 2003 bei 466 Euro pro Monat. Das ist deutlich geringer als der vergleichbar abgegrenzte durchschnittliche Bedarf eines Alleinlebenden im Rahmen der Hilfe zum Lebensunterhalt, der Mitte 2000 bei 574 Euro lag, und auch geringer als der elterliche Unterhalt für einen Studierenden, der in der „Düsseldorfer Tabelle" mit 600 Euro angesetzt ist. Es wird angenommen, dass die BAföG-Bedarfssätze um 25% angehoben werden. Das führt zu einer Erhöhung der Ausgaben. Sie kann wegen der damit verbundenen Ausweitung des Kreises der Anspruchsberechtigten und der komplizierten Anrechnungsregeln des eigenen Einkommens und des Einkommens der Eltern hier nicht genau

Verbesserte BAföG-Förderung kostet 220 Mio. €

quantifiziert werden. Geht man vereinfachend von den heutigen Ausgaben für BAföG in Höhe von rund 870 Mio. Euro (2000) aus und erhöht sie um 25%, dann entstehen zusätzliche Ausgaben von rund 220 Mio. Euro. Daraus wird deutlich, dass das BAföG-Problem im Rahmen der gesamten Neugestaltung der Finanzierung von Berufsausbildung und Studium neu durchdacht werden muss. Wenn etwa ein Modell von Bildungskonten die Frage der Gebühren regelt, wäre eine Verbindung mit der Finanzierung des Unterhalts während einer solchen Ausbildung (BAföG) möglich. Dafür spräche schon allein die Tatsache eines reduzierten Verwaltungsaufwands.

Mit den zusätzlichen unverzinslichen Staatsdarlehen, deren Vergabe weniger eng als bisher an eine Bedürftigkeit der Studierenden und ihrer Eltern geknüpft werden sollte, werden die Aufwendungen der Studierenden für ihren Lebensunterhalt durch Darlehen „vorfinanziert" und ein oder zwei Jahrzehnte später in Abhängigkeit von dem dann erzielten Einkommen zurückgezahlt. Für den Staat entstehen Aufwendungen durch Zinssubventionen, Kaufkraftverlust und „Schwund" sowie durch Verwaltungskosten, die ebenfalls nicht beziffert werden können.

Bei der Einführung einer erhöhten Beteiligung der Teilnehmer an den Kosten der Ausbildung erhöhen sich die Aufwendungen für alle Studierenden. Die Fördersätze beim BAföG sind entsprechend anzupassen. Bei einem „mittleren" Studierenden betragen die Ausgaben pro Jahr nach den Erhebungen des Deutschen Studentenwerks gegenwärtig 639 Euro pro Monat oder 7.668 Euro pro Jahr. Wenn beispielsweise 2.000 Euro Studiengebühren pro Jahr eingeführt werden, erhöhen sich die Ausgaben der Studierenden entsprechend auf knapp 10.000 Euro pro Jahr. Die BAföG-Vollförderung muss so ausgerichtet werden, dass bedürftige Studierende ihren Lebensunterhalt und die zusätzlichen Studiengebühren tragen können.

Die daraus resultierenden zusätzlichen Ausgaben des Staates für die Förderung von Studierenden einerseits und die zusätzlichen Einnahmen des Staates aus den Studiengebühren andererseits können hier nicht belastbar quantifiziert werden. Der Grund dafür besteht in der Logik der BAföG-Förderung: Sie geht von einem bestimmten Bedarf eines Studierenden aus und bemisst die Förderung danach, welchen Betrag die Eltern des Studierenden aus ihrem Einkommen tragen können. Der verbleibende Rest des Bedarfs wird durch die Förderung abgedeckt. Wenn, wie hier vorgeschlagen, der Bedarf des Studierenden heraufgesetzt wird, dann vergrößert sich nicht nur der

Förderbetrag bei den schon bisher Geförderten, sondern auch der Kreis der förderfähigen Studierenden vergrößert sich um diejenigen, deren Eltern über ein Einkommen verfügen, das nach den bisherigen Maßstäben hoch genug war, um den Bedarf vollständig zu decken, aber dazu nach dem erhöhten Bedarf nicht mehr ausreicht. Der Umfang dieses Personenkreises ist von der Form der Einkommensverteilung abhängig.

Auch im Bereich der Hochschulen ist die spezielle Förderung von Hochbegabten ein Ziel. Bei den Studierenden ist dabei in erster Linie an die Bereitstellung von materiellen Mitteln zu denken, die sie der Sorge um den Lebensunterhalt entheben. Beispielsweise ist daran zu denken, die Förderhöhe beim BAföG von der erreichten Leistung abhängig zu machen oder bei guten Studienleistungen einen Teil der Rückzahlung des Darlehens zu erlassen. Im Postgraduiertenstudium steht die Einrichtung von festen, aber befristeten Stellen zur Bearbeitung von wissenschaftlichen Vorhaben und die Förderung des Austauschs mit anderen Wissenschaftlern durch überregional angelegte Doktorandenkollegs im Vordergrund, die durch über die Deutsche Forschungsgemeinschaft im Wettbewerb vergebene Forschungsmittel oder durch den Haushalt der Hochschule finanziert sein können. Nach der Promotion stellt die Förderung von Nachwuchswissenschaftlern durch Einrichtung von eigenen Forschergruppen mit entsprechender Sachmittelausstattung etwa nach dem Vorbild des Emmy-Noether-Programms ein geeignetes Verfahren dar. Generell verbesserte Studienbedingungen durch die Verbesserung des Verhältnisses von Lehrenden und Lernenden, wie oben beschrieben, kommen den Hochbegabten sowohl in ihrer Rolle als Studierende wie auch als Postgraduierte zugute, im letzteren Fall etwa, indem die Arbeitsbelastung durch Lehrverpflichtungen reduziert wird. Die Förderung von Hochbegabten ist außerordentlich wichtig, ihre finanziellen Auswirkungen halten sich jedoch, weil es sich dabei um eine vergleichsweise kleine Personengruppe handelt, in Grenzen und werden hier nicht eigens quantifiziert.

Mit den neuen Medien wird in der Bildung vor allem für den Hochschulbereich die Erwartung auf weit reichende Einsatzmöglichkeiten verbunden. Computer basiertes Training (CBT), Web basiertes Training (WBT) oder Planspiele sollen Hilfestellung zu den Inhalten von Vorlesungen und Übungen geben, zum Selbstlernen anregen sowie Möglichkeiten der Kontrolle und der Selbstkontrolle des Wissensstandes bieten. Außerdem sollen sie die Kommunikation zwischen den Lehrenden und Lernenden sowie unter den Studierenden fördern. Sie sind

Einsparungen in Höhe von 560 Mio. € durch Einsatz neuer Medien als Ergänzung der Lehre

prädestiniert für kognitive Lernziele, also für die Vermittlung von Wissen. Affektive Lernziele und psychomotorische Lernziele können weniger gut erreicht werden. Sie eignen sich vor allem für die Vermittlung solcher Inhalte, die relativ eindeutig, relativ stabil und für einen größeren Anwenderkreis von Bedeutung sind. CBT und WBT werden gegenwärtig vor allem im Bereich der betrieblichen Aus- und Weiterbildung angewendet. Trotz des nicht unbeträchtlichen Entwicklungsaufwandes erweisen sie sich dort vor allem für Ausbildungsmaßnahmen als effizient, die mit personaler Schulung bei größeren Adressatengruppen schon allein aus Kapazitätsgründen nicht möglich sind, weil sie ein dezentralisiertes, zeitunabhängiges Lernen möglichst direkt am Arbeitsplatz erlauben. Im Hochschulbereich wird bei Projektentwicklungen häufig der Grundgedanke verfolgt, dass der Besuch von Vorlesungen, Seminaren und Übungen nicht ersetzt wird, sondern dass neue Medien dabei helfen, die Beziehung zwischen Anwesenheitsveranstaltungen und individuellem Arbeiten zu verbessern. Die finanzielle Balance zwischen den Entwicklungsaufwendungen sowie den in der Lehre erreichbaren Einsparungen bei der weiteren Entwicklung und einem breiteren Einsatz von neuen Medien in der Bildung kann noch nicht zuverlässig abgeschätzt werden. Wir nehmen an, dass sich die Ausgaben pro Studierenden mit dem breiteren Einsatz von neuen Medien von 11.000 auf 10.500 Euro oder um etwa 5% reduzieren. Bei insgesamt 1.120.000 Studierenden sind damit Einsparungen in Höhe von netto 560 Mio. Euro verbunden.

31 Mio. € im Jahr für regelmäßige Evaluierung

Für eine regelmäßige Evaluation und Zertifizierung der Höheren Fachschulen und der Hochschulen rechnen wir mit Ausgaben in Höhe von 20 Euro pro Teilnehmer und Jahr. Wenn die Evaluationen alle fünf Jahre durchgeführt werden, entstehen bei einer mittelgroßen Hochschule mit 5.000 Teilnehmern pro Evaluation Ausgaben in Höhe von 500.000 Euro. Für den gesamten tertiären Bereich betragen bei 1.540.000 Teilnehmern die Ausgaben für Evaluation 31 Mio. Euro pro Jahr.

7,1 Mrd. € mehr für tertiäre Bildung

Bei Realisierung der Empfehlungen von „Bildung neu denken! Das Zukunftsprojekt" erhöhen sich die Ausgaben für Bildung im Bereich der tertiären Bildung um 7,1 Mrd. Euro. Die empfohlene Verbesserung der Studierendenförderung, die Einführung von Studiengebühren und der soziale Ausgleich im Zusammenhang mit der Einführung der Studiengebühren können hier nicht quantifiziert werden. Der wesentliche Beitrag zur Erhöhung der Ausgaben resultiert aus der Empfehlung zur Verbesserung der Relation zwischen Lehrenden und Lernen-

den an den Hochschulen. Entsprechend der bisherigen Aufteilung der
Ausgaben auf die Träger erhöhen sich die Ausgaben der Länder um 6,5
Mrd. Euro, die der Gemeinden sowie die des Bundes um je 0,3 Mrd. Euro.

Änderung/ Empfehlung	Bund	Länder	Gemeinden	Unter- nehmen	Private Haushalte	Sozialver- sicherungen	Gesamt
Tertiäre Bildung	328	6.475	293	0	0	0	7.097
Bildungsbeteiligung höhere Fachschule		442	94				536
Qualität höhere Fachschule		935	199				1.134
Bildungsbeteiligung Studium	71	692					763
Relation Lehrende zu Lernenden	481	4.719					5.200
Verbesserte Förderung BAföG							
Studiengebühr und BAföG							
Wegfall ZVS	-3	-4					-7
Einsatz neuer Medien	-224	-336					-560
Evaluation und Zertifizierung	3	28					31

Tabelle 8.2-4: Zusammenfassung der finanziellen Auswirkungen im Bereich der Tertiären Bildung, Angaben in Mio. Euro
(Anmerkung zur Tabelle: Quantitative Aussagen zu den Auswirkungen einer verbesserten BAföG-Förderung
und der Einführung von Studiengebühren bei gleichzeitiger Anhebung der BAföG-Förderung
können hier aus methodischen Gründen nicht gemacht werden.)

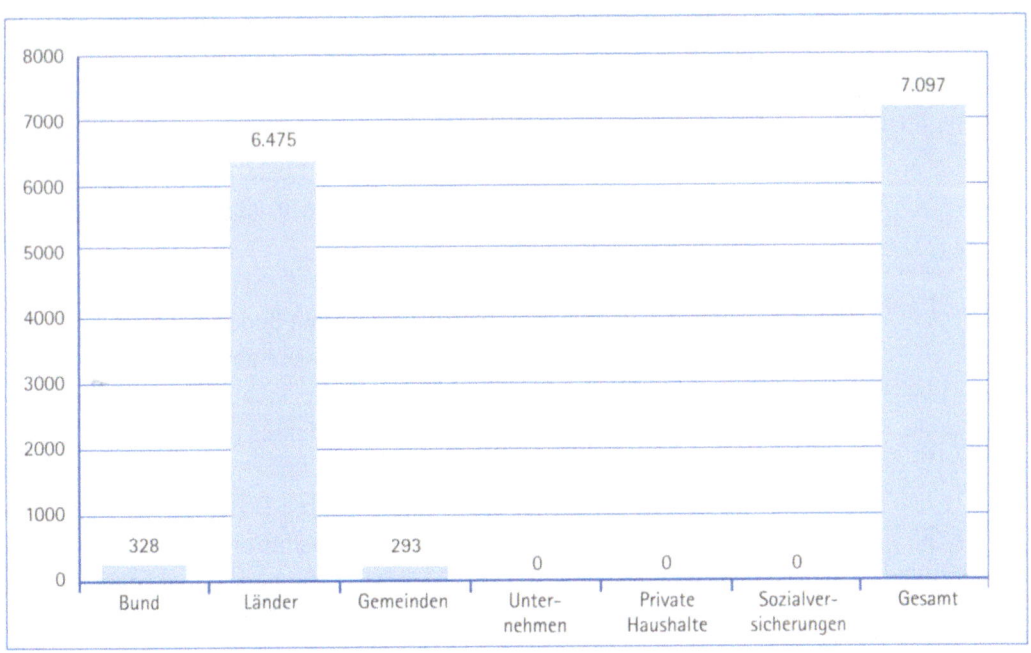

Abbildung 8.2-3: Veränderung der Ausgaben nach Trägern im Bereich der Tertiären Bildung, Angaben in Mio. Euro

Diese Berechnung zeigt eine erhebliche Zusatzbelastung für die Länder. Inwieweit diese ohne die Beteiligung der privaten Haushalte zu realisieren ist, dürfte schon volkswirtschaftlich sehr fraglich sein. Es darf deshalb erwartet werden, dass die Länder zumindest teilweise in absehbarer Zeit Studiengebühren erheben werden, auch für die akademische Grundausbildung. Die entsprechende Diskussion wird heftig und häufig ohne ökonomische Grundkenntnisse geführt. Dadurch fokussiert sie sich auf die bloße Frage, ob es Studiengebühren geben soll oder nicht. Eine solche Verkürzung lässt wesentliche Gesichtspunkte außer Acht, z. B.

- dass der durchschnittliche Grenzertrag der akademischen Ausbildung nicht unter den Grenzkosten liegen sollte und dass deshalb bei den Hochschulen auch regelhaft Aufgabenkritik sowie Effizienz- und Effektivitätskontrolle erforderlich sind, um die Kosten in einem vertretbaren Rahmen zu halten, bevor private Haushalte beispielsweise mit Forschungskosten direkt belastet werden,

- dass Studiengebühren ggf. sozial differenziert erhoben werden müssen (vgl. Kap 1),

- dass Studiengebühren ggf. leistungsdifferenziert erhoben werden sollten, so dass sie z. B. an Studienerfolge gebunden werden können,

- dass Studiengebühren studiengangsspezifisch erhoben werden können, damit sich die tatsächlichen Kosten und die sehr unterschiedlichen Einkommenserwartungen in den Gebühren spiegeln können,

- dass ein Versicherungssystem neben den Bildungskonten die privaten Haushalte gegen unzumutbare Risiken absichern kann wie den Tod der Unterhaltspflichtigen, eigene Invalidität, krankheitsbedingte Verzögerung des Studienabschlusses usw.,

- dass 25% aller Studierenden auf Kosten Dritter, in der Regel von Unternehmen und öffentlichen Haushalten, vor dem Studium bereits eine Berufsausbildung absolviert haben, so dass sie das System im Vergleich zu anderen doppelt nutzen.

Gleichwohl darf nicht übersehen werden, dass die Erhebung von Bildungsgebühren von privaten Haushalten einen bildungsökonomischen Systemfehler enthielte: Die Nutznießer privater Investitionen in Humankapital sind nicht die Zahler (die Eltern), sondern deren Kinder. In der traditionellen Gesellschaft mit einem auch religiös abgesicherten „Generationenvertrag" war dieses rational, weil die Zahler davon ausgehen konnten, dass sich ihre Investition für sie selbst insofern lohnt, als ihre eigene Alterssicherung in der Hand ökonomisch potenter Nachkommen lag. Dieser Vertrag existiert allerdings faktisch nicht mehr, seit das Alterssicherungssystem bei den Bürgern und ihren Kindern, aber vor allem bei Kinderlosen eine neue Zuständigkeit geschaffen hat, die des Staates. Die ökonomische Verpflichtung zur Altersversorgung ist auf die Bürger selbst sowie auch deren Arbeitgeber übergegangen. Erst seit der demografischen Krise muss dieses System nun neu überdacht werden. Es zeigt sich dabei unmittelbar, dass Probleme des Bildungssystems und der Zuständigkeit privater Haushalte von denen des Systems der Altersversorgung kaum abgekoppelt werden können.

8.3. Erwachsenenalter

8.3.0. Das Erwachsenenalter nach „Bildung neu denken! Das Zukunftsprojekt"

Frühes
Erwachsenenalter

Die Lebensphase des frühen Erwachsenenalters ist in erster Linie durch sozialpsychologische Elemente zu charakterisieren. Wegen der Abhängigkeit von der jeweiligen Gesellschaft und ihren Lebensbedingungen schwanken deshalb die Altersgrenzen für diese Phase. Für **„Bildung neu denken! Das Zukunftsprojekt"** reicht diese Spanne vom Abschluss einer Trainee-Phase bzw. des ersten sechssemestrigen Studiums, also im Idealfall vom 21. Lebensjahr, bis etwa zur Vollendung des 35. Lebensjahres.

In dieser Phase entwickeln sich starke biografische Unterschiede zwischen den Individuen einer Altersgruppe. Neben Personen, die sich in einer Etappe ihrer Mehrfachausbildung (z. B. MA oder Promotion) befinden, gehören in die Lebensphase des frühen Erwachsenenalters solche, die ihren Beruf kontinuierlich ausüben, aber auch Kurzzeiterwerbstätige („Jobhopper") sowie Frauen und Männer in der Familiengründungsphase mit entsprechenden Erwerbspausen.

Es muss eine Aufgabe eines grundlegend reformierten Bildungssystems sein, die Qualifizierungsbedingungen insbesondere für das hoch qualifizierte Führungspersonal, aber auch für aufstiegswillige Angehörige anderer Leistungsgruppen zu verbessern.

Dem Bildungswesen kommt die Aufgabe zu,

- Personen für hoch qualifizierte Führungsaufgaben früh zu rekrutieren,

- die Ausbildung des hoch qualifizierten Personals zwischen dem 23. und 25. Lebensjahr abzuschließen,

- eine Persönlichkeitsbildung für die Wahrnehmung vielfältiger Erwachsenenaufgaben zu gewährleisten.

Nur junge Erwachsene mit einer hinreichend entwickelten Persönlichkeit werden in der Lage sein, die besonderen Herausforderungen nach 2020 zu bewältigen, wenn aufgrund der demografischen Entwicklung die Belastungen jedes Einzelnen steigen werden. Zu ihrer

Persönlichkeit als Erwachsene gehört Autonomie im Sinne einer Selbstbestimmungs- und Selbstverantwortungsfähigkeit, Autonomie als Selbstbehauptung gegenüber illegitimen Ansprüchen und eine rechtzeitige Autonomie im Sinne ökonomischer Unabhängigkeit gegenüber Eltern und Staat, die den jungen Erwachsenen ihre Verantwortung nicht abnehmen dürfen. Nur auf dieser Basis werden junge Erwachsene in der Lage sein, ihre typischen Entwicklungsaufgaben wahrzunehmen: die Auswahl eines Partners, die Familiengründung, die Führung eines verantwortungsvollen und befriedigenden Familienlebens, die Organisation des Haushalts, eine entschlossene und adäquate Berufswahl, die Wahrnehmung ziviler Pflichten gegenüber der Gesellschaft und die Führung angemessener sozialer Beziehungen im Beruf wie im Privatleben.

Die Empfehlungen für das Bildungswesen im frühen Erwachsenenalter fokussieren sich nicht ohne Grund auf Studium und berufliche Aufstiegsqualifikation, also auf die Ausbildung der Höher- und Höchstqualifizierten. Anders als in den Lebensphasen Kindesalter und Jugendalter muss das (öffentliche) Bildungswesen nicht mehr ein Totalangebot bereithalten. Die überwiegende Mehrheit der Angehörigen dieser Lebensphase hat bereits vor der Erreichung des 21. Lebensjahres ihre Berufsausbildung abgeschlossen und sogar erste Berufserfahrungen erworben. Gleichwohl steigt bis 2020 und darüber hinaus der Bedarf an höher qualifiziertem Personal kontinuierlich. Dieser Bedarf wird nicht allein dadurch zu decken sein, dass Akademiker über den traditionellen Ausbildungsweg qualifiziert werden. Diese Empfehlung geht deshalb davon aus, dass eine dem Bachelor (BA) folgende Master(MA)-Ausbildung künftig einem Abschluss als „Meister" in jeder Hinsicht gleichgestellt wird. Es muss also gesichert werden, dass der Bedarf an höher qualifiziertem Personal in den Unternehmen wie im öffentlichen Dienst durch zwei Rekrutierungswege gedeckt wird:

- durch ein konsekutives Studium (BA, MA und ggf. Promotion) für die Absolventen der gymnasialen Oberstufe oder ihnen Gleichgestellte

und

- durch eine Meisterprüfung für die jungen Erwachsenen, die eine erfolgreiche Berufsausbildung und -ausübung hinter sich gebracht haben.

Gleichwohl darf nicht übersehen werden, dass das Bildungswesen auch für die große Zahl der Erwerbstätigen bzw. Erwerbslosen lebensbegleitende Qualifizierungsmöglichkeiten bereithalten muss. Diese Erfordernis beschränkt sich aber nicht auf das frühe Erwachsenenalter, sondern durchzieht die gesamte Erwerbs- und Bildungsbiografie.

Mittleres Erwachsenenalter

Personen im mittleren Erwachsenenalter sind – entsprechend ihrem intellektuellen Einstiegsniveau – praktisch uneingeschränkt weiterbildungsfähig.

Für eine hinreichende Weiterbildungsbeteiligung sind allerdings zwei weitere Faktoren von Bedeutung:

- die Weiterbildungsbereitschaft,

- ein adäquates Weiterbildungsangebot.

Allerdings ist bei Arbeitgebern wie Arbeitnehmern die Einsicht in eine breite Weiterbildungsnotwendigkeit im Hinblick auf 2020 noch nicht ausreichend entwickelt. Globalisierung, Innovationsdruck und Qualitätserwartungen werden sich indessen in besonderer Weise auf die Qualifikationsnotwendigkeiten im mittleren Erwachsenenalter auswirken. In Verbindung mit der demografischen Entwicklung und dem vorhersagbaren Fachkräfte- und Akademikermangel im Jahr 2020 ergeben sich im Wesentlichen drei Typen von Weiterbildungsnotwendigkeiten:

- Aufstiegsweiterbildung,

- Umstiegsweiterbildung,

- rehabilitative Weiterbildung und Nachqualifikation.

Aufstiegsweiterbildung ist ein Modus, der auch derzeit schon etabliert ist. Er findet immer dann statt, wenn Personen Zusatzqualifikationen für die Wahrnehmung höherer Funktionen erwerben oder wenn Anpassungsqualifizierung bzw. Umschulung mit Aufstiegsprozessen verbunden sind.

Umstiegsweiterbildung wird in größerem Maße Resultat dynamischer Marktsituationen sein. Bei schneller Produktentwicklung und rascher Adaptation technologischer Entwicklungen im Alltagsverhalten können junge Berufsbilder auch sehr schnell verschwinden. Die davon betroffenen Personenkreise benötigen Weiterbildungsmaßnahmen für die Wahrnehmung neuer Berufsfunktionen.

Rehabilitative Weiterbildung und Nachqualifikation werden insbesondere im Hinblick auf einen erwartbaren Arbeitskräftemangel nach 2020 eine besondere Rolle spielen. Für einen Erfolg der deutschen Wirtschaft wird es darauf ankommen, Arbeitskräftereserven zu mobilisieren. Dabei handelt es sich im Wesentlichen um drei Personengruppen:

- Frauen und zunehmend auch Männer, die aus Gründen längerer Arbeitslosigkeit oder Erwerbslosigkeit mit familialem Hintergrund (Erziehungstätigkeit) eine Wiedereinstiegsqualifikation benötigen.

- Zugewanderte Arbeitskräfte, die einer Integrations- oder Höherqualifikation bedürfen.

- Lern- und leistungsschwache Personen (aus dem unteren Leistungssegment), die eine Nachqualifikation für die Herstellung von Beschäftigungsfähigkeit benötigen.

8.3.1. Finanzielle Auswirkungen der Empfehlungen im Bereich von Aufstiegs-, Umstiegs- und rehabilitativer Weiterbildung

Empfehlungen für
Quartären Bereich

Unter dem Begriff der quartären Bildung werden hier alle Bildungselemente zusammengefasst, die sich auf das Erwachsenenalter beziehen. Dazu gehören das auf das Bachelor-Studium aufbauende Master-Studium (die finanziellen Auswirkungen hierzu sind bereits im Kapitel 8.2.3. bei der Berechnung der finanziellen Auswirkungen im Bereich des Studiums, das sich in Bachelor und Master gliedert, berücksichtigt), die Meisterausbildung sowie alle Formen der Weiterbildung. Die Empfehlungen von **„Bildung neu denken! Das Zukunftsprojekt"** fokussieren einerseits auf das Master-Studium und die Aufstiegsqualifikation und andererseits auf die Weiterbildung. Die finanziellen Auswirkungen, die sich aus den empfohlenen Änderungen bei der Bildungsbeteiligung und den Ausgaben pro Teilnehmer im Bereich des MA-Studiums ergeben, sind bereits im Vorkapitel behandelt worden. Der berufsqualifizierende Weg zu leitenden Funktionen über die Meisterprüfung unterliegt gegenwärtig keiner inhaltlichen Kritik. Allerdings ist die Bedeutung des Meisterabschlusses aufzuwerten und formell dem Abschluss des MA-Studiums gleichzustellen.

Auch die sich aus der Empfehlung zur Freistellung der Studierenden und der Besucher von Meisterkursen von Erwerbsnotwendigkeiten ergebenden Anpassungen in der Förderung der Studierenden sind bereits in vorherigen Abschnitten bearbeitet worden.

„Bildung neu denken! Das Zukunftsprojekt" unterscheidet nach drei unterschiedlichen Weiterbildungsnotwendigkeiten:

* Aufstiegsweiterbildung: Erweiterung der Beschäftigungsfähigkeit;

* Umstiegsweiterbildung: Erhalt der Beschäftigungsfähigkeit;

* Rehabilitative Weiterbildung: Wiederherstellung der Beschäftigungsfähigkeit.

Während Aufstiegsweiterbildung stattfindet, wenn Personen Zusatzqualifikationen für die Wahrnehmung höherer Funktionen erwerben, wird Umstiegsweiterbildung erforderlich, wenn der gewählte Beruf sich als falsch erweist oder vom wirtschaftlichen Strukturwandel entwertet wird. Etwa ein Viertel der im dualen System Ausgebildeten wechselt schon in der ersten Phase des anschließenden Erwerbsverlaufs den Beruf. Dabei spielte weniger eine Rolle, dass es im Ausbildungsberuf keine Stelle gab (10% der Wechsler), als dass die Befragten durch den Wechsel ein höheres Einkommen erzielen konnten (25% der Wechsler), andere Interessen entwickelt hatten (29%) oder mehr Einfluss und Verantwortung anstrebten (8%). Im weiteren Verlauf des Erwerbslebens kann es zu einem Berufswechsel kommen, wenn in der Branche des Arbeitgebers Beschäftigung aus strukturellen Gründen abgebaut wird und die fachlichen Elemente der persönlichen Qualifikation damit entwertet werden. Beispiele dafür sind in Deutschland der Zusammenbruch der Industrie in den Neuen Bundesländern, in Westdeutschland die Entwicklungen im Steinkohlenbergbau, in der Textil- und Bekleidungsindustrie und in der Landwirtschaft.

Rehabilitative Weiterbildung vereinigt verschiedene Aspekte auf sich, die insbesondere mit gesundheitsbedingten Einschränkungen der Erwerbsfähigkeit, langen Unterbrechungen des Erwerbslebens oder der erstmaligen Aufnahme einer Erwerbstätigkeit im mittleren oder höheren Erwachsenenalter zusammenhängen. Dabei geht es neben den Personen mit gesundheitsbedingten Einschränkungen im Wesentlichen um solche Personen, die nach längerer Arbeitslosigkeit oder Nichterwerbstätigkeit mit familiärem Hintergrund eine Wiedereinstiegsqualifikation benötigen, oder um Personen, die aus anderen Kultur- und Sprachkreisen zugewandert sind und einer Integrations- oder Anpassungsqualifikation bedürfen sowie um lern- und leistungsschwache Personen, die eine Nachqualifikation für die Herstellung von Beschäftigungsfähigkeit benötigen.

Umstiegsweiterbildung und rehabilitative Weiterbildung sind bisher das Aufgabenfeld verschiedener öffentlich-rechtlicher Einrichtungen. Insbesondere im Bereich der Umstiegsweiterbildung ist die Bundesagentur für Arbeit tätig. Vorwiegend im Bereich der gesundheitsbedingten Einschränkungen arbeiten die Rentenversicherungen, die gesetzlichen Unfallversicherungen, die Krankenversicherungen sowie Einrichtungen der Gebietskörperschaften (Integrationsämter, Fürsorgeämter, Sozialhilfeämter).

Träger der Weiterbildung

Teilweise überschneiden sich die Aufgabenbereiche. Zum Beispiel weisen Arbeitslose im Durchschnitt einen deutlich schlechteren Gesundheitszustand im Vergleich zu Beschäftigten auf. Von 130.000 Arbeitslosen mit gesundheitlichen Einschränkungen des Muskel-Skelett-Systems und des Bindegewebes, die im Jahr 2001 vom Ärztlichen Dienst der Bundesagentur für Arbeit begutachtet wurden, waren nur 0,6% uneingeschränkt arbeitsfähig, 5,9% waren nicht oder zeitlich nur begrenzt belastbar, 39% waren mit Einschränkungen für eine berufliche Tätigkeit geeignet, für 54,5% war der Wechsel von Tätigkeit oder Beruf angezeigt.

Aufgaben im
Weiterbildungs–
bereich

Im Bereich der Umstiegsweiterbildung besteht die Aufgabe darin, erwachsene Personen, die teilweise über jahrelange berufliche Erfahrung verfügen, in einem neuen Beruf auszubilden. Die beiden wichtigsten Probleme, die sich dabei stellen, sind die Wahl eines zukunftsträchtigen Zielberufes sowie die Finanzierung des Lebensunterhalts des Umschülers und gegebenenfalls seiner Familie. Im Bereich der rehabilitativen Weiterbildung besteht bei gesundheitlichen Einschränkungen die Aufgabe einerseits darin, durch Prävention und Gesundheitsförderung das Entstehen der gesundheitlichen Einschränkung zu verhindern und andererseits durch ein geplantes Ineinandergreifen der verschiedenen ärztlichen, psychologischen und finanziellen Hilfen die Teilhabe am Arbeitsleben rasch wiederherzustellen. Die integrative Weiterbildung hat vorwiegend eine Sprachförderung zum Ziel, bei der Wiedereinstiegsqualifikation besteht das Ziel in der Nachqualifizierung in dem erlernten Beruf und in der Vermittlung von fachübergreifenden Arbeitstechniken und Grundqualifikationen. In der Nachqualifikation besteht das Ziel in der Herstellung der Beschäftigungsfähigkeit, in der Vermittlung fachlicher Basisqualifikationen und in der Alphabetisierung.

Betriebe werden künftig unter den langfristig wirksamen Entwicklungstendenzen am Arbeitsmarkt schon im eigenen Interesse die bereits heute betriebene Aufstiegsweiterbildung ausweiten und sich darüber hinaus verstärkt auch bei den anderen Weiterbildungsformen engagieren. Sie werden ein betrieblich und individuell maßgeschneidertes Weiterbildungsprogramm entwickeln und anbieten, dessen Qualität darüber entscheiden wird, ob Arbeitskräfte sich künftig an den Betrieb gebunden fühlen.

Mehraufwendungen
der Betriebe für
Weiterbildung von
5,4 Mrd. €

Gegenwärtig nehmen pro Jahr etwa 32% aller Erwerbstätigen an Maßnahmen der beruflichen Weiterbildung teil, die von ihren Arbeitgebern finanziert werden. Die Kosten pro Teilnehmer betragen 1.700 Euro. Wird der Anteil der Teilnehmer von 32% um 5%-Punkte auf 37% erhöht, dann steigt bei knapp 38 Mio. Beschäftigten im Jahr 2020 die Teilnehmerzahl um 1,9 Mio. Personen. Bei Kosten pro Teilnehmer von 1.700 Euro erhöhen sich die gesamten Ausgaben um 3.230 Mio. Euro. Über diese Annahme hinaus ist es Ziel, eine weitgehend flächendeckende Weiterbildung zu erlangen, was die Kosten auf Seiten der Unternehmer noch einmal deutlich erhöhen wird.

Darüber hinaus ist zu erwarten, dass Betriebe im Bereich der Umstiegsweiterbildung und der rehabilitativen Weiterbildung die bisher bei der Bundesagentur für Arbeit anfallenden Ausgaben für Weiterbildung und den Lebensunterhalt der Bildungsteilnehmer, die gemäß Bildungsbudget im Jahr 2000 zusammen rund 11 Mrd. Euro betrugen, durch eigene Maßnahmen ersetzen. Nimmt man an, dass diese Aufgabenverlagerung etwa 20% der bisherigen Ausgaben betrifft, dann handelt es sich um 2.200 Mio. Euro, um die die Bundesagentur für Arbeit entlastet und die Betriebe belastet werden.

Zusammenfassend werden durch die Realisierung der Empfehlungen von „Bildung neu denken! Das Zukunftsprojekt" im Bereich der Quartären Bildung die Ausgaben um 3,2 Mrd. Euro erhöht. Diese Mehrausgaben werden von den Unternehmen getragen. Durch die angenommene Verlagerung von Aufgaben, die bisher von der Bundesagentur für Arbeit wahrgenommen werden, in die Verantwortung der Unternehmen, erhöhen sich deren Ausgaben um weitere 2.200 Mio. Euro. Die Ausgaben, die dem Bund zuzurechnen sind, reduzieren sich entsprechend.

Mehraufwand für Weiterbildung von 3,2 Mrd. €

Änderung/ Empfehlung	Bund	Länder	Gemeinden	Unternehmen	Private Haushalte	Gesamt
Quartäre Bildung	-2.200	0	0	5.430	0	3.230
Aufstiegsweiterbildung				3.230		3.230
Umstiegs- u. rehabilitative Weiterbildung	-2.200			2.200		0

Tabelle 8.3-1: Zusammenfassung der finanziellen Auswirkungen im Bereich der Quartären Bildung, Angaben in Mio. Euro

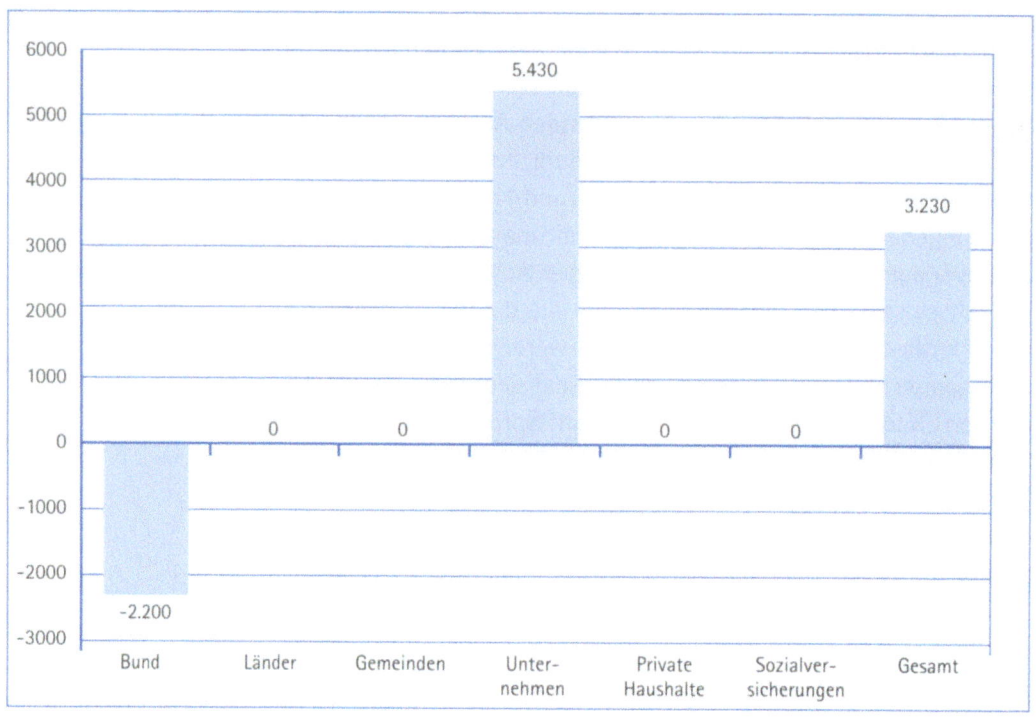

Abbildung 8.3-1: Veränderung der Ausgaben nach Trägern im Bereich der Quartären Bildung, Angaben in Mio. Euro

Im Bereich der Weiterbildung besteht für die Zukunft Deutschlands der größte Nachholbedarf. War das System der Allgemein- und Berufsausbildung als dringend reformbedürftig zu bezeichnen, so muss für die Weiterbildung nahezu von einer Stunde Null gesprochen werden. So liegt Deutschland mit der Dauer der Weiterbildung pro Teilnehmer und Jahr in Europa auf dem 22., d. h. viertletzten Platz (Grünewald/ Moraal/Schönfeld 2003), der Umfang betrieblicher Weiterbildung ist seit 1992 kontinuierlich gesunken. Zweifellos ist diese Tatsache auf verschiedene Ursachen zurückzuführen. Die Weiterbildungsbereitschaft ist bei Erwerbstätigen gering, wenn sie sich an den Kosten beteiligen müssen, Unternehmen tendieren dazu, in wirtschaftlich schlechteren Phasen insbesondere im Weiterbildungssektor Kosten einzusparen.

Die Geringschätzung der Weiterbildung verkennt, dass

- durch Weiterbildung die Arbeitsplatzzufriedenheit der Beteiligten nachweislich steigt,

- (u. a. dadurch) die Produktivität des Betriebs wächst,

- die corporate identity des Unternehmens gestärkt wird,

- der Integrationsgewinn für die Gesellschaft erheblich sein kann, z. B. im Falle ausländischer Arbeitnehmer.

Gleichwohl ist nicht zu verkennen, dass von Unternehmen finanzierte, marktgängige Weiterbildung das Risiko des Weggangs kompetenter Arbeitnehmer erhöht. Ebenso werden oftmals wachsende Bezahlungsansprüche befürchtet, die die Teilnehmer erheben könnten. Des Weiteren entstehen durch den Ausfall des Arbeitnehmers Vertretungsprobleme usw.

Diese Bedenken lassen sich mittelfristig nicht aufrechterhalten. **„Bildung neu denken! Das Zukunftsprojekt"** hat in der Analyse der demografischen Entwicklung gezeigt, das die Lebensarbeitszeit der Erwerbstätigen sich erheblich erhöhen muss, so dass ein heute 20-jähriger Arbeitnehmer davon auszugehen hat, 50 Jahre in seinem Beruf zu arbeiten. Das ist ohne berufliche Weiterbildung angesichts der Beschleunigung von Innovationen nicht denkbar. Weiterbildung darf deshalb nicht länger als Konsumgut, sondern sie muss als Investition in das eigene bzw. das Humankapital des Beschäftigten bewertet werden. Dazu ist es erforderlich, dass Weiterbildung als regelhaftes Bildungselement zur Bildungsbiografie jedes Bürgers gehört. Die Unternehmen werden dafür verantwortlich werden müssen, diese Lernbiografie aktiv mit zu planen und zu gestalten. Dazu gehört die Einrichtung von Weiterbildungskonten beim Einritt in den Betrieb, die sowohl den Umgang mit der entfallenden Arbeitszeit als auch die Kostenübernahme für die Weiterbildung regeln.

Zur Absicherung von Risiken, die aus „Fehlinvestitionen" resultieren (Weggang des Arbeitnehmers, Produktivitätsrückgänge des Betriebs etc.), werden eigene Modelle entwickelt werden müssen.

Sicher ist, dass künftig weder Erwerbstätige noch Unternehmen auf dem Arbeits- wie dem Produkt- bzw. Dienstleistungsmarkt überlebensfähig sein werden, wenn sie nicht Weiterbildungsinvestitionen als festen (!) Bestandteil der Betriebskosten und der Daseinsvorsorge einplanen.

9. Zusammenfassung der finanziellen Auswirkungen von „Bildung neu denken! Das Zukunftsprojekt"

Die Studie „Bildung neu denken! Das Zukunftsprojekt" enthält eine Reihe von Vorschlägen zur künftigen Gestaltung des Bildungswesens in Deutschland, deren finanzielle Auswirkungen in den vorstehenden Kapiteln im Einzelnen quantifiziert worden sind. Fasst man alle Empfehlungen und deren finanzielle Auswirkungen zusammen, dann erhöhen sich die Ausgaben für Bildung im Jahr 2020 gegenüber einem unveränderten System um gut 34 Mrd. Euro (in Preisen des Jahres 2000). Bereinigt um die im Jahr 2020 gegenüber heute um etwa 20% geringere Zahl der Teilnehmer im Bildungssystem (also multipliziert mit dem Faktor 1,2, um die im Jahr 2020 zusätzlichen Ausgaben an die heutige Zahl der Bildungsteilnehmer anzupassen) und bezogen auf die im Bildungsbudget zusammengestellten tatsächlichen Ausgaben für Bildung in Deutschland im Jahr 2000 in Höhe von 128,5 Mrd. Euro, ist das knapp ein Drittel mehr.

In den einzelnen Abschnitten des Bildungssystems vermindern sich die Ausgaben für den Bereich der vorschulischen Erziehung sowie der Sekundarstufe I. Beide Ausgabensenkungen haben ihre Ursache in einer Verlagerung der Bildungsbeteiligung, nicht in einer Reduktion der Ausgaben pro Teilnehmer. In allen anderen Bildungsabschnitten nehmen die Ausgaben zu (Abbildung 9-1). Von den Mehrausgaben sind insbesondere die Bundesländer betroffen. Ihre Mehraufwendungen belaufen sich auf rund 21 Mrd. Euro. Dieses Ergebnis ist eine Folge der Organisation des deutschen Bildungssystems, in dem die Gestaltungshoheit für das Bildungswesen bei den Ländern liegt. Die Mehrbelastungen des Bundes und der Gemeinden liegen in einer Größenordnung von 3 bis 5 Mrd. Euro (siehe Abbildung 9-1). Die zusätzlichen Ausgaben der privaten Haushalte resultieren in erster Linie aus dem Wegfall der Ausbildungsvergütung bei der doppelten Berufsausbildung. Der dadurch eintretenden Entlastung der Unternehmen stehen deren vermehrte Anstrengungen im Bereich der Weiterbildung gegenüber (Abbildung 9-2).

Wie steht Deutschland im internationalen Vergleich der Bildungsausgaben da, wenn die Empfehlungen von „Bildung neu denken! Das Zukunftsprojekt" realisiert worden und die hier berechneten finanziellen Auswirkungen eingetreten sind?

30% Mehrausgaben für Bildung

Verteilung der Mehrausgaben

Im Jahr 2020 liegen die Mehrausgaben für Bildung durch die beschriebenen Veränderungen bei 34 Mrd. Euro. Von diesem Betrag fließen 23 Mrd. Euro (exakt 23.451 Mio. Euro) in den internationalen OECD-Vergleich der Bildungsausgaben; nicht berücksichtigt werden hierbei die Mehrausgaben für das Zivile Pflichtjahr und für die quartäre Bildung. Da die Bevölkerung in den relevanten Altersgruppen im Jahr 2000 um rund 20% höher war als für 2020 erwartet, werden die Mehrausgaben von 23 Mrd. Euro mit dem Faktor 1,2 multipliziert und anschießend zu den von der OECD für das Jahr 2000 ausgewiesenen 109 Mrd. Euro addiert. Bezieht man die so ermittelte Summe von 137 Mrd. Euro auf das BIP des Jahres 2000 in Höhe von 2.030 Mrd. Euro, dann erhält man eine Prozentzahl, die ausdrückt, wie hoch der Anteil der Bildungsausgaben am BIP bei Realisierung der Empfehlungen gegenwärtig wäre. Sie beträgt 6,76% und ist damit um rund 1,5%-Punkte höher als die heutige Kennziffer von 5,3%. In der Rangfolge der Staaten würde Deutschland damit nach den Daten des Jahres 2000 hinter Korea und den USA die dritte Position einnehmen.

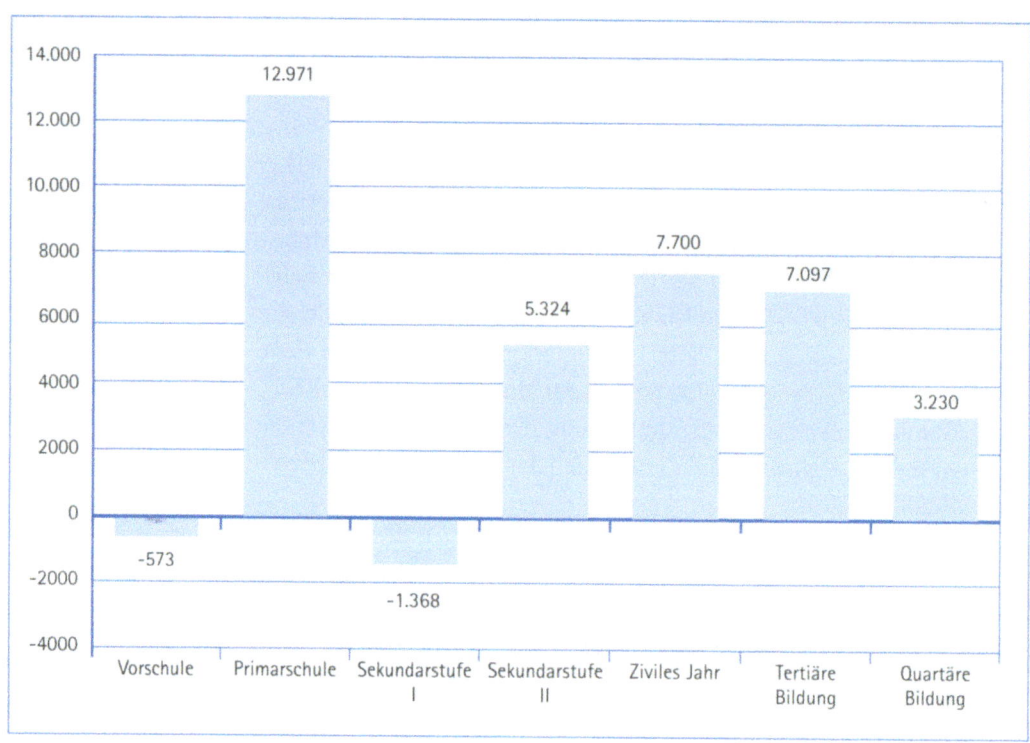

Abbildung 9-1: Veränderung der Ausgaben nach Bildungsabschnitten, Angaben in Mio. Euro

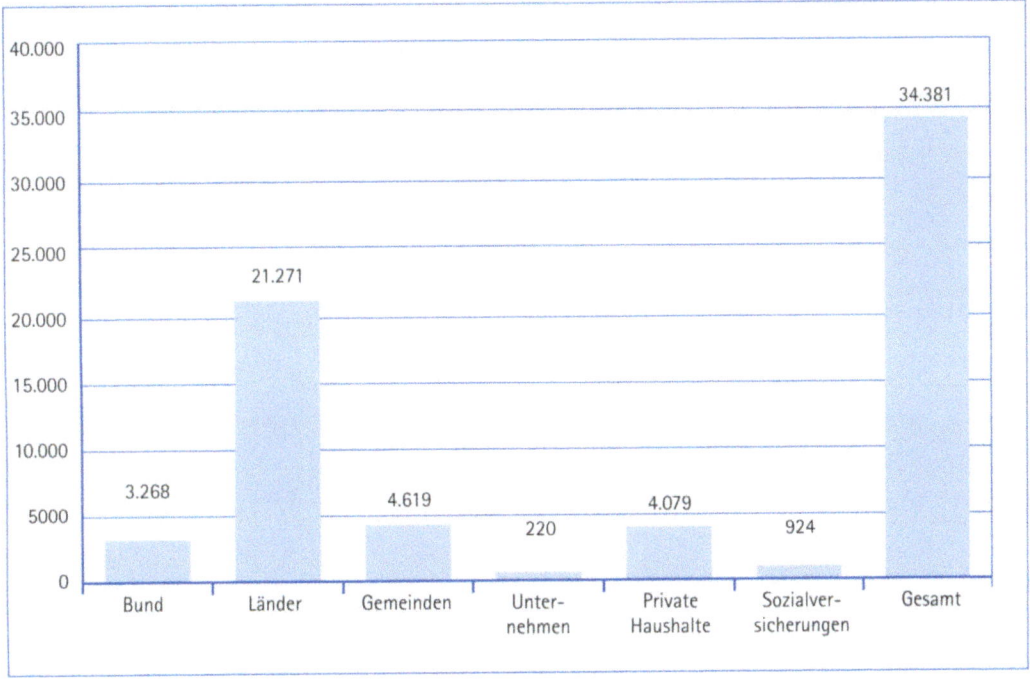

Abbildung 9-2: Veränderung der Ausgaben nach Trägern, Angaben in Mio. Euro

Änderung / Empfehlung	Bund	Länder	Gemeinden	Unter-nehmen	Private Haushalte	Sozialver-sicherungen	Gesamt
Vorschulischer Bereich	0	122	192	0	-887	0	-573
Bildungsbeteiligung		-578	-908		-867		-2.352
Ausgaben pro Teilnehmer		430	676		645		1752
Öffentliche Finanzierung		263	413		-676		0
Evaluation u. Zertifizierung		7	10		10		27
Primarschule	0	10.520	2.242	0	209	0	12.971
Längere Schuldauer		4.501	959				5.460
Wegfall Klassenwiederholung		-270	-58				-328
Beschleunigter Durchlauf		-472	-101				-573
Ganztagsschule		2.606	555				3.161
Betreuungsmöglichkeiten		2.155	459				2.614
Ferienschulen		542	115				657
Anamnese Lernvoraussetzungen		144	31				175
Fördermaßnahmen/Zusatzangebote		599	128				727
Beratung		368	78				446
Privater Erwerb von Medien		-52	-11		209		146
Ausstattung Informationstechnik		334	71				405
Evaluation u. Zertifizierung		67	14				81
Sekundarstufe I	0	-1.358	-289	0	279	0	-1.368
Kürzere Schuldauer		-5.770	-1.230				-7.000
Wegfall Klassenwiederholung		-577	-123				-700
Beschleunigter Durchlauf		-404	-86				-490
Ganztagsschule		2.227	475				2.702
Betreuungsmöglichkeiten		1.856	396				2.252
Fördermaßnahmen/Zusatzangebote		139	30				169
Ferienschulen		391	83				474
Anamnese Lernvoraussetzungen		144	31				175
Beratung		245	52				297
Privater Erwerb von Medien		-25	-5		279		249
Ausstattung Informationstechnik		371	79				450
Evaluation u. Zertifizierung		45	9				54
Sekundarstufe II	0	4.231	901	-5.210	4.478	924	5.324
Wegfall Ausbildungsvergütung				-5.210	4.286	924	0
Bildungsbeteiligung Berufsfeldschule		618	132				750
Veränderungen Unterrichtsdauer		2.978	634				3.612
Privater Erwerb von Medien		-12	-2		192		178
Beratung		173	37				210
Ausstattung Informationstechnik		439	93				532
Evaluation u. Zertifizierung		35	7				42
Ziviles Pflichtjahr	5.140	1.280	1.280	0	0	0	7.700
Tertiäre Bildung	328	6.475	293	0	0	0	7.097
Bildungsbeteiligung höhere Fachschule		442	94				536
Qualität höhere Fachschule		935	199				1.134
Bildungsbeteiligung Studium	71	692					763
Relation Lehrende zu Lernenden	481	4.719					5.200
Verbesserte Förderung BAföG Studiengebühr und BAföG							
Wegfall ZVS	-3	-4					-7
Einsatz neuer Medien	-224	-336					-560
Evaluation und Zertifizierung	3	28					31
Quartäre Bildung	-2.200	0	0	5.430	0	0	3.230
Aufstiegsweiterbildung				3.230			3.230
Umstiegs- u. rehabilitative Weiterbildung	-2.200			2.200			0
Alle Bildungsbereiche	3.268	21.271	4.619	220	4.079	924	34.381

Tabelle 9-1: Zusammenfassung der finanziellen Auswirkungen, Angaben in Mio. Euro

Im Verlauf der Untersuchung hat sich gezeigt, dass die Unterschiede zwischen der avisierten Bildungsbeteiligung und den heute bestehenden Verhältnissen für die finanziellen Auswirkungen eine bedeutende Rolle spielen. Deshalb werden im Folgenden ergänzend die angestrebte und die heutige Bildungsbeteiligung in tabellarischen Übersichten einander gegenüber gestellt. Der wesentliche Unterschied besteht darin, dass die Phase der Erstausbildung nach den Zielvorstellungen von **„Bildung neu denken! Das Zukunftsprojekt"** deutlich früher beginnt und deutlich früher endet als gegenwärtig.

Beide tabellarische Übersichten sind nach dem Alter der Bildungsteilnehmer und nach den verschiedenen Bildungszügen gegliedert. In den jungen Altersgruppen und in den älteren Altersgruppen ergeben sich in der Summe über die Bildungszüge Abweichungen gegenüber dem Anteil von 100%. Das ist darauf zurückzuführen, dass bei den jüngeren Altersgruppen die Familie und bei den älteren Altersgruppen die Erwerbstätigkeit beziehungsweise Nichterwerbstätigkeit nach dem Ausmünden der Bildungsphase nicht berücksichtigt sind. Nicht berücksichtigt in der Aufstellung (Tabelle 9-3) ist der Effekt, der sich durch eine Beschleunigung des „Durchlaufs" der Schüler durch das Bildungssystem ergibt. Wenn beispielsweise, wie in Abschnitt 8.1.2 angenommen, 25% eines Altersjahrganges die sechsjährige Grundschule in fünf und weitere 5% in vier Jahren durchlaufen, dann reduziert das die Zahl der Teilnehmerjahre eines Jahrgangs von 100 Schülern von sonst 600 auf 565 Jahre oder um rund 5,8%.

Betrachtet man die Summe der Anteile in den einzelnen Altersgruppen über die gesamte Altersspanne von null bis dreißig Jahren, dann zeigt sich, dass sich die Bildungsbeteiligung der genannten Altersgruppen nach den gegenwärtigen Verhältnissen sowie nach den Zielvorstellungen von **„Bildung neu denken! Das Zukunftsprojekt"** nur unwesentlich voneinander unterscheiden. Die kumulierte Zahl der Teilnehmerjahre einer Alterskohorte von 100 Personen liegt bei 1.812 beziehungsweise 1.815 Jahren. Unterschiede bestehen zum einen in der Bildungsbeteiligung in den jüngeren Altersgruppen, in denen die Beteiligung nach den Empfehlungen von **„Bildung neu denken! Das Zukunftsprojekt"** wesentlich erhöht wird. Geringer ist die Bildungsbeteiligung andererseits in den älteren Altersgruppen, da gemäß **„Bildung neu denken! Das Zukunftsprojekt"** der Abschluss der formalen Erstausbildung und die Berufseinmündung wesentlich früher einsetzen als gegenwärtig. Dieses gilt allerdings nur, wenn man die

Weiterbildung ausblendet, die laut „**Bildung neu denken! Das Zu-kunftsprojekt**" jedoch unmittelbar nach der Aufnahme einer Berufs-tätigkeit einsetzen soll, da sich eine Verkürzung der primären Lernzeit sonst nicht rechtfertigen ließe.

Alter von... bis unter...	Krippe	Kindergarten	Schulkindergärten und Vorklassen	Grundschulen	Hauptschulen	Schularten mit mehreren Bildungsgängen	Sonderschulen	Realschulen	Gymnasien	Integrierte Gesamtschulen und freie Waldorfschulen	Abendschulen und Kollegs	Berufsschulen	Berufsfachschulen	Fachoberschulen	Fachgymnasien	Berufs-/technische Oberschulen	Fachschulen	Schulen des Gesundheitswesens	Hochschulen	Zusammen
0 - 1	10,0																			10,0
1 - 2	10,0																			10,0
2 - 3	10,0																			10,0
3 - 4		56,0																		56,0
4 - 5		86,0	0,3																	86,3
5 - 6		83,0	1,9																	84,9
6 - 7		37,0	5,0	48,6			1,0			0,5										92,1
7 - 8			1,1	94,8			2,6			1,2										99,7
8 - 9				95,7			3,3			1,2										100,2
9 - 10				93,2			3,8			1,2										98,2
10 - 11				54,9	14,7	2,4	4,2	6,7	12,1	3,5										98,5
11 - 12				6,6	35,0	6,1	4,6	14,7	25,6	6,7										99,3
12 - 13				0,6	31,4	7,5	4,9	18,1	27,9	8,0										98,4
13 - 14					22,7	8,9	5,2	22,3	29,9	9,4										98,4
14 - 15					22,1	8,5	5,3	24,1	28,7	9,7										98,4
15 - 16					19,6	7,3	5,0	25,6	27,4	9,8		8,6	1,3							104,6
16 - 17					10,9	4,1	3,1	17,9	26,5	7,5		21,3	7,1	1,0	1,2					100,6
17 - 18					3,2	0,7	1,4	5,0	25,3	7,7		36,3	11,8	2,5	2,9		0,2	0,5		97,5
18 - 19					0,5	0,1	0,8	0,7	22,7	3,7		38,5	9,2	2,3	3,1	0,1	0,7	1,1	0,9	84,4
19 - 20							0,3		12,2	2,5	0,4	33,4	5,4	1,5	2,2	0,1	1,2	1,6	5,9	66,7
20 - 21							0,1		2,3	1,4	0,4	24,5	3,3	1,0	0,8	0,2	1,3	1,8	12,7	49,8
21 - 22							0,2		0,4	0,4	0,4	16,3	2,0	0,7	0,3	0,2	1,2	1,6	16,6	40,3
22 - 23									0,1	0,1	0,4		1,2	0,5	0,1	0,2	1,1	1,2	18,0	22,9
23 - 24											0,5			0,3		0,1	1,2	0,8	18,5	21,4
24 - 25											0,5			0,2		0,1	1,1	0,6	18,3	20,8
25 - 26														0,1			1,0	0,3	16,5	17,9
26 - 27														0,1			0,9	0,3	14,1	15,4
27 - 28																	0,7	0,2	11,3	12,2
28 - 29																	0,6	0,4	8,8	9,8
29 - 30		~																	6,9	6,9
Summe	30,0	262,0	8,3	394,4	160,1	45,6	45,8	135,1	241,1	74,5	2,6	178,9	41,3	10,2	10,6	1,0	11,2	10,4	148,5	1.811,6

Tabelle 9-2: Bildungsbeteiligung in % eines Jahrganges bei heutigen Verhältnissen
Quelle: Bildungsbericht für Deutschland. Erstellt im Auftrag der Kultusministerkonferenz. Opladen 2003,
Tabelle A3/2 und eigene Berechnungen

Alter von... bis unter...	Krippe	Kindergarten	Primarschule	Sekundarschule	Gymnasium	Sonderschulen für Behinderte	Spezialschulen für spezifische Begabungen	Doppelte Berufsausbildung	Berufsfeldschule	Gymnasiale Oberstufe	Ziviles Pflichtjahr	Höhere Fachschulen	Bachelor-Studiengänge	Master-Studiengänge	Zusammen
0 - 1	20														20
1 - 2	20														20
2 - 3	20														20
3 - 4		95													95
4 - 5		30	70												100
5 - 6		10	90												100
6 - 7			100												100
7 - 8			100												100
8 - 9			100												100
9 - 10			100												100
10 - 11			30	43	22	3	3								100
11 - 12			10	55	28	4	4								100
12 - 13				61	31	4	4								100
13 - 14				61	31	4	4								100
14 - 15				18	9	1	1	21	21	28					100
15 - 16				6	3	0	0	27	27	36					100
16 - 17								30	30	40					100
17 - 18								9	9	12	70				100
18 - 19								3	3	4	20	14	28		72
19 - 20											10	18	36		64
20 - 21												20	40		60
21 - 22												6	12	14	32
22 - 23												2	4	18	24
23 - 24														6	6
24 - 25														2	2
25 - 26															0
26 - 27															0
27 - 28															0
28 - 29															0
29 - 30															0
Summe	60	135	600	244	124	16	16	90	90	120	100	60	120	40	1.815
				400				300							

Tabelle 9-3: Bildungsbeteiligung nach den Zielvorstellungen von „Bildung neu denken! Das Zukunftsprojekt"

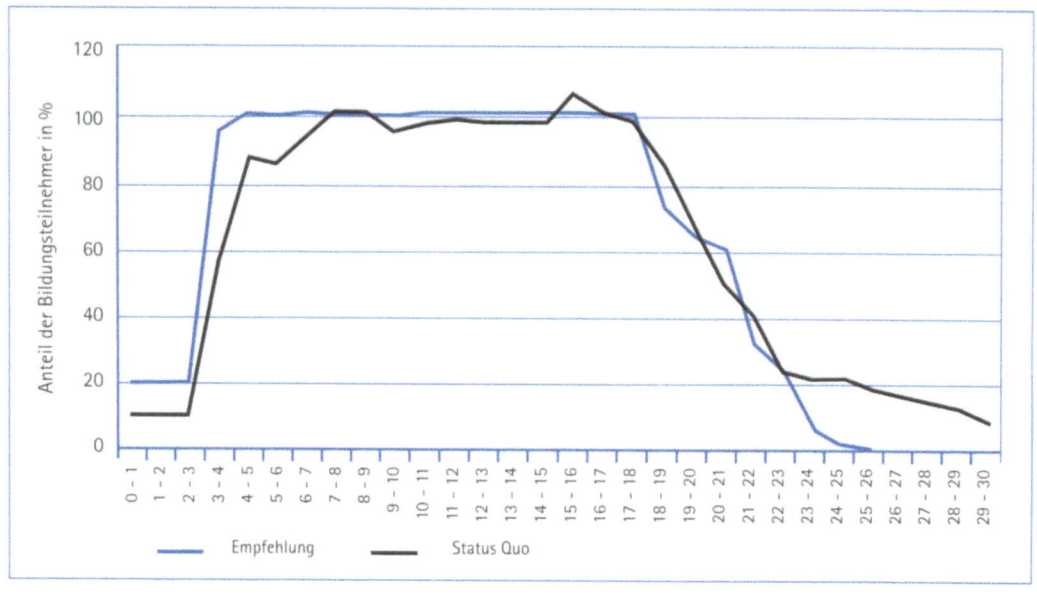

Abbildung 9-3: Übersicht über die Bildungsbeteiligung nach Alter im Vergleich

Die Untersuchung der finanziellen Auswirkungen von **„Bildung neu denken! Das Zukunftsprojekt"** zeigt, dass die umfassenden Reformen, die die Studie empfiehlt, ökonomisch durchaus machbar sind. Um sie auch ökonomisch umzusetzen, müssen Entscheidungen getroffen werden, die

• eine Erhöhung des BIP-Anteils für die Bildungsausgaben bedeuten,

• eine Verlagerung von Belastungen zwischen den drei Säulen der Bildungsfinanzierung – Staat, Unternehmen, private Haushalte – mit sich bringen,

• von den Unternehmen eine nachhaltigere Planung der Entwicklung ihres betrieblichen Humankapitals erwarten,

• für die privaten Haushalte eine Einsicht in den Investitionscharakter der Bildung im Rahmen der Daseinsvorsorge notwendig machen,

• vom Staat eine Konzentration der Subventionspolitik auf unabdingbare Bildungsmarktkorrekturen und einen Verzicht auf Detailsteuerung verlangen.

Diese Notwendigkeiten erfordern von den Unternehmen Gemeinsinn, von den Bürgern Gemeinsinn und Initiative und von der Politik Gemeinsinn, Initiative und Mut zur Verantwortung.

Es wird in einer Wettbewerbsdemografie vom Typus des Parteienstaates mit zahllosen Systemen des Lobbyismus und der Kompromisskultur nicht leicht sein, neben dem Bildungssystem auch dasjenige der Bildungsfinanzierung zu ändern, weil Erwerbstätige und Rentner gegenüber den künftigen Nutzern des Bildungssystems in der Überzahl sind und der Politik durch Wahlverhalten die Investitionen unmöglich machen könnten. So ist es durchaus denkbar, dass den zahlenmäßig Mächtigeren nicht klar gemacht werden kann, wie sehr ihr eigenes Schicksal von den Investitionen in das Bildungssystem und damit in die nachwachsende Generation abhängt. Nur ein Grundkonsens der Demokraten, wie es ihn in Deutschland in kritischen Situationen bereits gab, kann in dieser Lage Abhilfe schaffen. Es darf keine Partei geben, die sich dieser Einsicht verschließt. Aus einem solchen Konsens heraus wäre jedoch eine konstitutionelle Absicherung eines Regelmechanismus für die Einführung einer zukunftsfähigen Bildungsfinanzierung durchaus denkbar.

10. Verzeichnis der Tabellen und Abbildungen

Abbildungen:

Seite 102, Abbildung 8.1-1:
Veränderung der Ausgaben nach Trägern im Bereich der Vorschule,
Angaben in Mio. Euro
Seite 112, Abbildung 8.1-2:
Veränderung der Ausgaben nach Trägern im Bereich der Primarschule,
Angaben in Mio. Euro
Seite 122, Abbildung 8.1-3:
Veränderung der Ausgaben nach Trägern im Bereich der Sekundar-
stufe I, Angaben in Mio. Euro

Kapitel 8.2. Jugendalter
Tabellen:

Seite 127, Tabelle 8.2-1:
Bevölkerung in Deutschland nach dem höchsten allgemein bildenden
und dem höchsten beruflichen Abschluss
Seite 134, Tabelle 8.2-2:
Übersicht über die finanziellen Auswirkungen im Bereich der Sekun-
darstufe II, Angaben in Mio. Euro
Seite 138, Tabelle 8.2-3:
Übersicht über die finanziellen Auswirkungen des Zivilen Pflichtjah-
res, Angaben in Mio. Euro
Seite 147, Tabelle 8.2-4:
Zusammenfassung der finanziellen Auswirkungen im Bereich der Ter-
tiären Bildung, Angaben in Mio. Euro

Abbildungen:

Seite 135, Abbildung 8.2-1:
Veränderung der Ausgaben nach Trägern im Bereich der Sekundarstu-
fe II, Angaben in Mio. Euro
Seite 138, Abbildung 8.2-2:
Veränderung der Ausgaben nach Trägern durch das Zivile Pflichtjahr,
Angaben in Mio. Euro
Seite 147, Abbildung 8.2-3:
Veränderung der Ausgaben nach Trägern im Bereich der Tertiären
Bildung, Angaben in Mio. Euro

Kapitel 8.3. Erwachsenenalter

Seite 157, Tabelle 8.3-1:
Zusammenfassung der finanziellen Auswirkungen im Bereich der Quartären Bildung, Angaben in Mio. Euro
Seite 158, Abbildung 8.3-1:
Veränderung der Ausgaben nach Trägern im Bereich der Quartären Bildung, Angaben in Mio. Euro

Kapitel 9. Zusammenfassung

Tabellen:

Seite 166, Tabelle 9-1:
Zusammenfassung der finanziellen Auswirkungen, Angaben in Mio. Euro
Seite 168, Tabelle 9-2:
Bildungsbeteiligung in % eines Jahrganges bei heutigen Verhältnissen
Seite 169, Tabelle 9-3:
Bildungsbeteiligung nach den Zielvorstellungen von „Bildung neu denken! Das Zukunftsprojekt"

Abbildungen:

Seite 164, Abbildung 9-1:
Veränderung der Ausgaben nach Bildungsabschnitten, Angaben in Mio. Euro
Seite 165, Abbildung 9-2:
Veränderung der Ausgaben nach Trägern, Angaben in Mio. Euro
Seite 170, Abbildung 9-3:
Übersicht über die Bildungsbeteiligung nach Alter im Vergleich

11. Verzeichnis der verwendeten Literatur

Baethge, Martin:
Das berufliche Bildungswesen in Deutschland am Beginn des 21.
Jahrhunderts.
In: Autorengemeinschaft: Das Bildungswesen in der Bundesrepublik
Deutschland, Reinbek 2003.

Balzer, C. / Nuissl, E.:
Finanzierung lebenslangen Lernens, Bielefeld 2000.

Barbaro, S.:
Neuere Entwicklungen in der Bildungsökonomie.
In: List-Forum 29 (2003), S. 237-248.

Barro, Robert J.:
Education as a Determinant of Economic Growth.
In: Edward P. Lazear (Editor): Education in the Twentyfirst Century,
Hoover Institution Press 2002.

Baumann, Thomas:
Ausgaben je Schüler im Sekundarbereich II.
In: Wirtschaft und Statistik 4 (2003), S. 345 – 348.

Beicht, Ursula / Walden, Günter:
Wirtschaftlichere Durchführung der Berufsausbildung –
Untersuchungsergebnisse zu den Ausbildungskosten der Betriebe.
In: Berufliche Bildung in Wissenschaft und Praxis 6 (2002), S. 38 – 43.

Bund-Länder-Kommission für Bildungsplanung und Forschungsförderung (BLK):
BLK-Bildungsfinanzbericht. Materialien zur Bildungsplanung
und zur Forschungsförderung, erscheint jährlich.

Bildung auf einen Blick – OECD Indikatoren 2002 Edition,
Oktober 2002 (OECD: Education at a Glance, Paris. Die von der OECD
erarbeiteten englischen und französischen Fassungen erscheinen
jährlich; eine deutsche Fassung mit dem Titel „Bildung auf einen
Blick" folgt jeweils mit zeitlichem Abstand).

Büchel, Felix / Neubäumer, Renate:
Ausbildungsinadäquate Beschäftigung als Folge branchenspezifischer Ausbildungsstrategien.
In: Mitteilungen aus der Arbeitsmarkt- und Berufsforschung 3 (2001),
S. 269 – 285.

Chaikind, St. / Fowler, W. J. (Hrsg.):
Education finance in the new millenium, New York 2001.

Deutsche Bundesbank:
Zur Entwicklung und Bedeutung der Bildungsausgaben in
Deutschland, Monatsbericht Oktober 2003.

Dohmen, D. / Cleuvers, B. A. (Hrsg.):
Nachfrageorientierte Bildungsfinanzierung. – Neue Trends für Kinder-
tagesstätte, Schule und Hochschule (Schriften zur Bildungs- und
Sozialökonomie), Bielefeld 2002.

Dohmen, Dieter / Hoi, Michael:
Bildungsausgaben in Deutschland – eine erweiterte Konzeption des
Bildungsbudgets. Gutachten im Rahmen der Berichterstattung des
BMBF zur technologischen Leistungsfähigkeit Deutschlands, Köln
(Forschungsinstitut für Bildungs- und Sozialökonomie) 2004.

Dohmen, Dieter:
Ausbildungskosten, Ausbildungsförderung und Familienlastenaus-
gleich. Eine ökonomische Analyse unter Berücksichtigung rechtlicher
Rahmenbedingungen, Berlin 1999.

Egner, Ute:
Zweite Europäische Erhebung zur beruflichen Weiterbildung (CVTS 2).
In: Wirtschaft und Statistik 12 (2001), S. 1008 – 1020.

Färber, G.:
Bildungsreform durch Reform der Bildungsfinanzierung.
In: Weizsäcker, R. K. von (Hrsg.): Schul- und Hochschulorganisation,
Berlin 2000, S. 165-220.

Grünewald, U. / Moraal, D. / Schönfeld, G. (Hrsg.):
Betriebliche Weiterbildung in Deutschland und Europa, Bonn 2003.

Hetmeier, Werner / Schmidt, Pascal:
Budget für Bildung und Forschung nach dem Durchführungs- und Finanzierungskonzept.
In: Wirtschaft und Statistik 7 (2000), S. 500 – 508.

Hollederer, Alfons:
Arbeitslos, Gesundheit los, chancenlos? IAB Kurzbericht 4 (2003).

Judson, Ruth A.:
Measuring Human Capital Like Physical Capital: What Does It Tell Us?
In: Bulletin of Economic Research 54 (July 2002), S. 209 – 231.

Le, Trinh / Gibson, John / Oxley, Les:
Cost- and Incomebased Measures of Human Capital.
In: Journal of Economic Surveys 17 (2003) No. 3, S. 271 – 307.

Lünnemann, Patrik:
Methodik zur Darstellung der öffentlichen Ausgaben für schulische Bildung nach Bildungsstufen sowie zur Berechnung finanzstatisti-·scher Kennzahlen für den Schulbereich.
In: Wirtschaft und Statistik 2 (1998), S. 141 – 152.

Sachverständigenrat Bildung bei der Hans-Böckler-Stiftung:
Reformempfehlungen für das Bildungswesen – Eine Veröffentlichung der Hans-Böckler-Stiftung 2002.

Schmidt, Pascal:
Zur finanziellen Lage der Hochschulen.
In: Wirtschaft und Statistik 12 (2001), S. 1021 – 1026.

Schütt, Florian:
The Importance of Human Capital for Economic Growth. Universität Bremen, Materialien des Wissenschaftsschwerpunktes „Globalisierung der Weltwirtschaft", Bremen 2003.

Schwarz, Stefanie / Rehburg, Meike:
Wer trägt die Kosten? Studienausgaben und Studienfinanzierung im europäischen Vergleich.
In: Stefanie Teichler und Ulrich Teichler (Hrsg.): Universität auf dem Prüfstand. Konzepte und Befunde der Hochschulforschung, Frankfurt 2003.

Spieß, Katharina C.,
Abschätzung des Finanzierungsbedarfs für die Bereitstellung einer bedarfsgerechten Versorgung mit Plätzen in Kindertageseinrichtungen, Berlin (DIW) 2001.

Statistisches Bundesamt:
Bildung im Zahlenspiegel 2002, Wiesbaden 2002.

Statistisches Bundesamt:
Bericht zur finanziellen Lage der Hochschulen, Wiesbaden 2003.

Temple, Jonathan:
Growth Effects of Education and Social Capital in the OECD Countries.
In: OECD Economic Studies 2001/II, S. 57 – 101.

Vereinigung der Bayerischen Wirtschaft e. V. (Hrsg.):
Bildung neu denken! Das Zukunftsprojekt, Opladen 2003.

Weizsäcker, R. K. von (Hrsg.):
Deregulierung und Finanzierung des Bildungswesens, Berlin 1998.

Weizsäcker, R. K. von / Wigger B. U.:
Bildungsfinanzierung, Ressourcenausstattung und Produktivitätswachstum.
In: Weizsäcker, R. K. von (Hrsg.): Bildung und Wirtschaftswachstum, Berlin 1998, S. 125-144.

Weizsäcker, R. K. von:
Staatsverschuldung, Rentenversicherung und Bildung: Zukunftsschwächen der Wettbewerbsdemokratie im Lichte des demografischen Wandels.
In: Arnim, H. H. von (Hrsg.): Adäquate Institutionen: Voraussetzungen für „gute" und bürgernahe Politik? Vorträge auf dem 2. Speyerer Demokratie-Forum vom 14. bis 16. Oktober 1998 an der Deutschen Hochschule für Verwaltungswissenschaften Speyer, Berlin 1999, S. 103-131.

12. „Bildung neu denken! Das Zukunftsprojekt" –

Inhaltsverzeichnis

MIX
Papier aus verantwortungsvollen Quellen
Paper from responsible sources
FSC® C105338

FSC
www.fsc.org

If you have any concerns about our products,
you can contact us on
ProductSafety@springernature.com

In case Publisher is established outside the EU,
the EU authorized representative is:
Springer Nature Customer Service Center GmbH
Europaplatz 3, 69115 Heidelberg, Germany

Printed by Libri Plureos GmbH
in Hamburg, Germany